보정판

정신의 원리

불가사의하다는 심령현상의 해명

문학박사 김 봉 주 지음

국립중앙도서관 출판시도서목록(CIP)

정신의 원리 : 불가사의하다는 심령현상의 해명 / 김봉주 지음. -- 보정판. --
서울 : 한누리미디어, 2009
    p. ;   cm

ISBN 978-89-7969-335-5 03140 : ₩10000

심령 현상[心靈現象]

187-KDC4
133-DDC21   CIP2009001379

초판(1982년) 표지

心靈科學図鑑

附錄·UFO의 正体

忠南大學校 敎授 金 鳳 柱 博士 著

發行 創學社

간행사

　본서는 초심자로 하여금 심령과학을 이해하기 쉽고, 연구자들에게는 참고자료로서 도움을 줄 수 있도록 간단하면서도 체계적으로 꾸며 본 것입니다. 그것은 아직도 한국의 심령과학이 무지에서 탈피하지 못했을 뿐만 아니라, 좀 관심을 가진 사람이라 하더라도 학술적인 면에는 눈을 돌리지 아니 하고, 흥미 위주에서 머물고 있기 때문에, 진실로 건전한 학구열을 북돋기 위해서였습니다.

　이 한 권이 한국의 심령과학에 크게 기여할 것을 기대하며, 반맹자(半盲者)들을 조금이라도 눈뜨게 한다면 더 없는 영광으로 알겠습니다.

1981년 가을

저자

재판 간행사

초판(《심령과학도감》)을 발행한 지 어언 20여년이 흘렀습니다. 그간 이 책을 대하는 독자들은, 필자의 뜻과는 달리, 단순한 그림책으로 여기는 경향이 있었습니다. 또한 자연과학적으로 검증되지 않는다는 이유로 무슨 비과학적인 도서로 취급하기도 했습니다.

그러나 진실로 말하거니와 그 책은 저자가 심령 즉 정신의 원리(법칙)를, 사진 등을 보이면서 정립·제시하고자 계획된 것이었습니다. 금번 필자의 모든 저서를 재정리하여 문집을 제작하느라니, 《심령과학도감》은 제목부터가 맞지 않아, 차제에 명실상부하게 《정신의 원리》로 바꾸었습니다.

물리학에는 원리가 제시되어 있어 이해하기도 쉽고, 신빙성이 있습니다만, 정신과학에서는 그것이 확립되어 있지 않음으로써 학문으로 인정받지 못하고 있음은 심히 유감입니다.

이번의 간행은 국문 위주로 쓰면서, 대폭 수정·보완함과 동시에 부록 [UFO의 정체]는 다루지 않았습니다. 가급적 비과학적인(증거가 희박한 것으로 알려진) 사항들은 제외하려고 노력했으므로, 원론에서 진실에 벗어나지는 않으리라 믿습니다.

2007년 6월 일

저자 수당

보정판(補整版) 간행사

앞의 간행사에서 언급한 바와 같이 《정신의 원리》의 이론을 펼치기 시작한 것은 《심령과학도감》(1982)에서였고, 좀 더 정리한 것은 《수당문집 IV-정신과학》「심령 연구 · 정신원리」(2007)였습니다. 그 문집은 비매품으로 필자의 평생의 업적을 기리느라 후학들이 발간한 문집 10권 중의 한 권으로서, 〈정신의 원리〉는 그 한 권 중 제4부에 간략하게 요약되어 있는 글입니다.

그런데 〈정신의 원리〉를 발표하니 어떤 사람들은 이미 신라시대 원효대사가 '일체유심조(一切唯心造)'라고 한 견해에서 더 나아간 게 있느냐고 합니다. 그 한 마디가 정신의 원리를 대표하는 진리이기는 합니다만, 그것을 과학적 · 논리적으로 세상 사람들이 이해하기 쉽고 납득할 수 있도록 설명한 학자가 있습니까?

'만물이 물질로 이루어져 있다'는 한 마디로써 물질의 원리가 다 해명되겠습니까? 수많은 법칙들(운동의 법칙, 전자기 법칙, 상대성 원리, 양자 원리 등)이 설명되어야 사람들은 납득하기 쉽습니다.

본서는 미흡하나마 그 정신의 진리를 많은 사람들이 수긍할 수 있도록 풀이한 과학적 해설서입니다. 다시 말하면, 그 원리를 공리, 정리, 법칙 등으로 정립(定立)한 것입니다.

지난 여름(2008년) 월간 『신동아(新東亞)』 9월호에 김서령 기자가 〈30년간 정신원리 연구한 김봉주 교수〉(pp. 428~441)라고 쓴 기사가 공개됨으로써 '정신원리'에 대하여 관심을 가진 분들이 그 책 《정신의 원리》을 보고자, 전국 서점, 인터넷 등을 들추어도 찾을 수가 없다고, 신동아 출판부, 김서령 기자, 충남대학교 출판부 등을 통하여 필자에게 전화를 해 오는 독자가 여럿이었기 때문에, 그런 분들의 염원에 부응하기 위하여, 《수당문집 IV-정신과학》제I부의 「정신학 강좌」를 제4부 「정신원리」와 합본하고, 이미 발간한 내용들을 대폭 수정·보완하여 이렇게 《정신의 원리》로 강호 제현 앞에 새로이 내놓게 되었습니다.

　선비들은 하루 속히 정신과학의 원리를 정립하여 정신과학을 물리처럼 확고한 과학적 학문으로 자리 잡도록 노력할 것을 기대하며, 일반 독자 여러분들은 이 황금법칙인 정신의 원리를 터득하여 만수무강 부귀영화를 누리며 입신양명하고 매사에 여의(如意) 형통하여 성공적인 삶을 사시기 바랍니다. 정신의 법칙은 인간 만능의 법칙이므로 인생을 살아가는 데 제일의 보감(寶鑑)이며 만 가지 어려움을 이겨낼 비법(秘法)입니다.

　부연하면, 마음·영혼·영계(사후세계)·사물의 이치를 알고자 하는 사람, 무병장수하여 100세를 살고자 하는 사람, 대통령·국회의원·장관·노벨상 수상자가 되고자 하는 사람, 세계적 억만장자가 되고자 하는 사람, 공부를 잘하여 명문대학에 가고자 하는 학생, 세계적 운동선수가 되고자 하는 사람, 사형선고를 받은 중병 환자 등 누구나 한 번 읽어 보아야 할 필독서임을 밝혀 둡니다.

2009년 4월 10일
김봉주

차례  ··· 122

 ··· 175

서언

　현대과학은 물질과학만능의 사상에 사로잡혀 우주만상을 물질적 척도
로만 재어 왔다. 이것은 일종의 과학미신으로 크게 잘못된 것이다.

　심지어 근대의학은 인간을 하나의 물질체로만 다루는 경향이 있었다.
그리하여 치료약이라는 것도 정신면을 고려하지 않은 화학적 요법으로 조
제되었다. 동양 전래의 음양설(陰陽說)에 기초하지 않는다 하더라도 생체
는 물질면(육체)과 정신면(마음)의 양면체임은 상식적인 것이다. 일찍이
우리 동양에서는 고대 중국이나 인도에서 한때 정신위주의 전성시대가 있
었다. 그것은 르네상스 이전의 서양에 있어서 기독교주의 전성시대가 있
었던 것과 흡사하다. 그때에는 "신[1]이 지상이다" 하여 물질과학을 너무
소홀히 했었거니와, 지금에 와서는 반대로 물질과학 지상주의의 풍조로
지나치게 정신과학이 무시되고 있다. 때문에 나는 여러 정신과학도들과
더불어, 물질과학도 중요하지만 정신과학도 대우하자는 열의에서 이 이론
을 개발하였다.

　애초 우리 충남대학교 심령과학연구회 발족의 동기가 그러했거니와, 목
하 무시 내지는 미신시하고 있는 초자연현상(심령현상)을 과학적이고도
올바른 태도로 연구해 보자는 것이 목표였다. 사실 물질과학은 이제 물
질적 척도만으로서는 한계점에 도달했음을 느끼어, 점차 물질과학자들은
스스로 무시했던 '비합리성'이라 여기던 영역, 즉 신비주의 같은 정신현
상에 관심을 갖지 않을 수 없게 되었다.

　세계 선진국에서 Parapsychology(초심리학) 강좌를 설정하게 된 까닭이

---

1) 본서에서 신(神)이라 했을 때 두 가지 의미로 쓰이기 때문에 가급적 구분을 하기(혼돈을 막기) 위해서
　유일신(God)을 의미할 때는 신[1]이라 표기하고, 범신을 의미할 때는 신[2]라 표시해 본다.

이것이며, 현명한 물리학자들은 이미 Psychokinesis(염력학) 또는 Psychotronics(염력공학 ; 정신공학) 분야에 꽤 깊이 들어가 실험실 연구를 하고 있는 중이다. 실상이 이러함에도, 우리나라는 물론이고, 아직도 세계 각국의 많은 과학자들은 이 정신(심령) 연구를 의식적으로 외면하고 있는 상황이다. 오히려 심령 연구가들을 정신이상자인양 생각하고 있기도 하다. 하루 속히 정신연구가 올바른 궤도에 오를 것을 바라며 사상의 전환을 촉구하는 바이다.

본서를 간행하고자 하는 또 하나의 이유는 실로 우리나라에서도 이 방면에 뜻을 두는 사람이 많아져 연구에서 대성(大成)하는 사람이 나올 것을 바라는 데 있다. 종래의 정신과학은 꿰어 놓지 않은 구슬과 같아서 빛을 내지 못하고 있다. 정신과학이란 술어 자체가 학계에서 아직 확고하게 받아들여지지 않고 있는 실정이다. 이에 내가 결심한 것은 ① 과거의 연구결과와 학설을 종합하여 체계를 세우고, ② 학리(學理)와 법칙으로 정립하고자 함이다.

끝으로 나는 이 정신과학이 하루 속히 만인에게 받아들여져 학문으로서 꽃피어지기를 간절히 바라는 바이다.

총론

I. 정신과학

1. 정신과학

원래 정신과학은 '정신' 에 해당하는 독일어 'geist' 와 '과학' 에 해당하는 독일어 'Wissenschaft' 가 합성된 말이다. 이전에는 정신과학은 일반적으로 인문학과 사회과학 분야 중에서도 특히 인간의 상황에 특정하게 관여하는 학문분야를 가리키는 학술용어였다. 따라서 정신과학은 문헌학 · 역사학 · 사회학 · 인류학 · 비교종교학 · 비교법률학 · 커뮤니케이션이론 등을 포함하는 학문분야로서 때로 인간학(Human Studies) 혹은 인문학이라고 하기도 하였다.

독일에서는 전통적으로 모든 학문분야를 정신과학과 자연과학(Naturwissenschaften)의 두 범주로 나누었는데 이것은 영어권에서 인문학과 자연과학을 구분하는 것과 서로 대응하는 개념이다. 그러나 그것은 넓은 의미에서 정의이고, 근래의 좁은 의미에서의 정신과학은 순수한 정신문제로 야기되는 현상을 연구하는 학문으로, 1980년대에 대두된 신과학(新科學) 즉 '초자연현상' (초상현상 : 신념의 기적, 최면, 정신감응, 투시, 염력 등)을 다루는 분야를 일컫는 학문으로 바뀌었다. 한 동안 자연과학자들은 이러한 정신현상은 (물질)과학적으로 취급할 수 없다는 이유로, 새로운 정신과학이라는 학문 자체를 부정 내지는 무시하는 경향이 있었다.

그러나 신과학 사상이 받아들여지면서 정신과학은 본궤도에 진입하기 시작했다. 한 때 심령과학을 '초심리학' 또는 '의사(擬似) 심리학

(Parapsychology)'이라고 하기도 했다.

　무릇 과학―자연과학에서의 과학―이라 함은 어떤 문제에 대하여 같은 조건과 같은 방법으로 몇 명이 실험을 하든, 그 모두의 실험 결과 즉 해답이 일치해야 하는 것이나, 원래 정신과학에서 다루는 초자연현상은 하나의 동일 문제를 같은 조건과 같은 방법으로 실험을 했을 때 10명이면 10명의 결과(해답)가 다 똑같이 나올 수가 없으므로 과학이라 취급할 수 없었던 것이다. 그러나 본서 뒤에서 자세히 논의되지만 분명히 할 것은 물질과학의 원리와 정신과학의 원리는 서로 다르다는 것을 간과했기 때문이다.

2. 정신

1) 종래의 견해

　정신이란 자전적(字典的)으로 말하면, ① 육체나 물질에 대립되는 영혼이나 마음, ② 사물을 느끼고 생각하며 판단하는 능력 또는 그런 작용, ③ 마음의 자세나 태도를 이른다.

　넓은 뜻으로는 마음이나 혼(魂)과 같은 뜻으로 쓰이나, 철학에서는 대개 진리인식, 도덕, 예술에 관한 고차원의 심적 능력, 이성(理性)을 가리킨다. 정신과 마음이라는 우리말의 구별은 흔히 영어의 'spirit'와 'mind', 독일어의 'geist'와 'seele', 프랑스어의 'esprit'와 'âme'이라 하는 유럽어들에 대응된다.

　전자가 인간의 경우 집단적인 생명의 뜻, 즉 비교적 지적(知的)이고 의적(意的)인 다소 차원 높은 원리를 의미하는 것으로 사용되는 데 비하여, 후자는 오히려 동물을 포함한 생명의 정서적 · 감정적 측면을 가리키는 것으로서 사용되는 경우가 많다. 그런 의미에서 정신은 인간과 여러 생명을 유지하는 궁극적 요소 혹은 기능의 일종이라 보기도 했다.

2) 근래 과학자들의 견해

20세기 상대성이론과 양자론에 의하여 물리학이 점차 정신면을 고려하는 쪽으로 기울고 있다. 다시 말하여, 종래의 물리학은 문자 그대로 물질과 에너지만을 다루는 과학이었다. 그러나 이제 과학은 물리학과 정신학이 함께 하는, 물질에 의식을 포함하는 과학으로 가고 있다. 때문에 최근의 새로운 분야의 발견은 마음 또는 정신이 물질과학 안에 등장하기에 이르고 있다.

근래 이차크 벤토프(미국 생체공학 전문가)는, '어떤 조직체가 자극에 대해 나타내는 반응의 총량을 의식'[2]이라 가정하고, '우리의 두뇌는 생각의 근원이 아니라 생각증폭기라고 주장하고 싶다'[3]라며, '이 신체(神體)들은 육체의 진동수보다 배수만큼 높은 진동수로 진동하고 있으며, 여러 생(生) 동안 축적된 모든 정보를 담고 있다'[4]고 한다.

천문학자 아더 에딩튼(케임브리지 천문대장)은, '우주의 재료는 정신'이라고 하고, 노벨 물리학상 수상자 막스 브랭크는 '물질 자체, 그런 것은 존재하지 않는다. 그 배후에는 의식적, 지적 정신이 있다고 밖에는 생각되지 않는다. 이 정신이야말로 모든 물질의 근원이다'라고 했고, 물리학자이며 천문학자 C. 제임스 진즈, 또 아인슈타인은 말년에, '우주란 위대한 기계라기보다는 위대한 사고(일종의 사유) 쪽으로 닮아져 간다'고 했다.[5] 그러므로 '신1이란 우주 영혼, 우주정신, 우주지성이라 하면 맞을 것이다. 그것은 하나의 거대한 사유(思惟)이다. 이것이 우주의 본질이며 신1이다.'

토벤과 울프는 그의 저서 《시공간을 넘어》(Space-Time and Beyond)의 서문에서 '의식과 에너지는 하나'(Consciousness and energy are one)라고 하고, 물질이 에너지의 다른 면(面)이라고 한다면, 정신 또한 에너지의 다른

---

2) 벤토프 이차크, 류시화 · 이상무 역, 《우주심과 정신물리학》(서울 : 정신세계사, 1987), p. 134.
3) 상계서, p. 183.
4) 상계서, p. 184.
5) 백남철, 《코즈믹 바이블》(갑인출판사, 1982), p. 282.

면이다. 즉 정신과 물질은 동일한 에너지의 다른 양태이다.

일본의 심리학자 후쿠라이(福來友吉) 박사는 이렇게 쓰고 있다: '관념(생각)은 단순한 표상(Vorstellung)이 아니라 그 자체가 취화은(臭化銀)을 환원하는 작용을 가진 일종의 에너지이다. 관념은 단순한 에너지가 아니라 에너지가 작용하는 공간을 규정하는 역할을 한다. 이런 점에서 관념은 또한 요구(要求)를 동반한 에너지이다' [6] '현대 심리학자들은 의식이 뇌 안에 있다고 주장한다. 그러나 뇌수 안에 식성이 있는 것이 아니라 의식 안에 뇌수가 있다. 식성은 공대(空大)하여 해수(海水)와 같고 일체만법은 해면(海綿)과 같아서 그 안에 스며져 있다.' [7]

유물론자들은 이미 텔레파시에 관한 가능한 메커니즘을 제시할 수 있게 되었다. 그 견해에 의하면 '사고라고 하는 것은 뇌 속에서 일어나는 전기적인 사건이다. 그런데 전자기이론에 따르면 전하들의 변화하는 움직임들은 광속으로 모든 방향으로 퍼져 나가는 전자기파를, 즉 그것을 발생시킨 전기적인 작용에 관한 정보를 포함하는 파장을 반드시 발생시킨다' [8]는 것이다. 우리는 물체의 따뜻함이나 차가움이 그것을 구성하고 있는 분자운동의 에너지일 뿐이라는 것으로 이해하고 있다. 즉 열(熱)은 분자운동 에너지가 높은 것과 동일한 것이고, 냉(冷)은 분자운동 에너지가 낮은 것과 동일한 것이다. 같은 방식으로 동일론자들은 우리가 여태껏 '심리상태'라 생각해 온 것은 두뇌의 물리적 상태와 동일한 것이라고 주장[9]하는 것이다.

철학자들과 과학자들 사이에서 널리 그리고 점차적으로 증가하고 있는

6) 일본 福來心理學研究所 刊, 〈報告書〉.
7) 福來友吉, 《心靈と神秘世界》(東京人文書院, 1932), p. 278. 철학자 벨그송은 '사물의 의식은 나의 안에 있는 것이 아니라 사물의 안에 있다. 현상과 사물과의 관계는 외관과 실물과의 관계가 아니라 일부와 전체와의 관계이다' [Bergson, Matter and Memory (1929), p. 306]라고 했다.
8) 처치랜드, P. M. 석봉래 역, 《물질과 의식》(서울 : 서광사, 1992), p. 40.
9) 상게서, pp. 52~53. 벤토프는 말하고 있다. : 전자 속에서 진동하는 것은 개체화된 순수의식이다. 전자는 특정한 진동수를 가진 파동 덩어리이고, 진동수에 따라 전자가 가지고 있는 에너지가 결정된다.[《우주심과 정신물리학》, p. 147] 양자 에너지로 구성되어 있는 자연계의 모든 물질은 순수의식이라는, 진동하면서 변화하는 성분으로 되어 있다. 마음과 물질은 같은 기본 재료로 만들어졌다. 그 둘 간의 차이점은 딱딱한 물질은 크고 느린 파동 또는 물결로 만들어졌기 때문에 절대계의 에너지를 보다 적게 포함하고 있다는 것이고, 마음은 보다 세련된 물결로 구성되어서 보다 절대계 에너지를 소유하고 있는 것이다. 사념이 곧 물질이고, 물질이 곧 사념이라는 통찰은 동양사상, 특히 탄트라의 현자

합의에 의하면, 의식을 가진 지성이란 적절히 조직화된 물질의 활동[10]이라는 것이다. 플레이스(U. T. Place), 파이글(H. Feigl), 스마트(J. Smart) 등 동일론 제기자들은 '심리적인 것은 사실 물리적인 것이다'[11]라고 주장한다. 우리는 '물질이란 에너지 형태이기도 하고 결정(結晶)된 정신이기도 하다'[12]는 것이다.

어떤 철학자들은 마음이 실체라고 말하는가 하면, 다른 철학자들은 그것이 단순히 복잡한 사건·상태·속성·경향들의 묶음에 불과하다고 한다. 또 다른 학자들은 마음이 에너지의 모습, 일종의 힘이라고 주장한다.[13] 어떻든, 다음의 견해는 내가 오랜 동안 생각해 왔던 바와 거의 일치하고 있다.

"사람들은 흔히 '생각만 하는 것은 타(他 ; 특히 물질)에 영향을 미치지 않는다'고 믿는다. 그러나 뇌가 활동하고 판단하는 사고의 결과물은 모두 물질화되어 화학반응을 일으킨다. 생각하는 데에도 에너지가 필요하다. 단순히 '싫다' 혹은 '좋다'고 생각하는 데에도 기본적인 양의 에너지가 필요하다. 뇌가 에너지를 사용할 때는 POMC라는 단백질 분해현상이 반드시 일어난다. 그리고 긍정적으로 사고할 때와 부정적으로 사고할 때의 단백질 분해방법은 서로 다르다. 이것은 매우 중요한 의미를 갖는다. 플러스 발상을 하여 긍정적으로 받아들이면 인체에 좋은 약으로 작용하는 물질이 체내에 생성되지만, 마이너스 발상을 하여 부정적으로 받아들이면 약 대신 독으로

들에 의해 피력되어 왔다.[상게서, p. 148] 진동하지 않는 상태가 진동하는 상태의 근본으로서, 진동운동이 일어나면서 우리의 존재들이 모습을 나타낸다는 것이다.[상게서, p. 150] 어떤 면에서 우주는 하나의 정보 취합 시스템이라고 할 수 있다. [상게서, p. 197] 인간의 영은 우주의 다른 모든 의식체의 영들과 간섭무늬를 이룬다. 이 간섭무늬 또는 지식-정보의 홀로그램을 우리는 〈우주심〉이라 부를 수 있다. 이 우주심에 들어 있는 지식은 자신의 주관적 시간을 늘려서 그곳에 오래 있을 수 있고, 그 곳에서 유용한 정보를 가지고 돌아와서 해독할 수 있는 사람에게는 누구에게나 열려 있다. [상게서, p. 241]

10) 상게서, p. 257.
11) 이효범,《심리철학의 근본 문제》(서울 : 소나무, 1990), p. 89.
12) 백남철,《코스믹 바이블》(갑인출판사, 1982), p. 283.
13) 이효범, 전게서, p. 188.

작용하는 물질이 생성된다." [14]

중성적 일원론(Neutral Monism)자인 럿셀(1872~1970)은 데카르트 이래 의 물심이원론을 정복하려 물심일원론을 폈다. 그에 의하면, 정신과 물질 은 두 개의 다른 존재가 아니라 같은 소재(stuff)로 구성된다는 것이다. 감각 으로서의 중성적 소재에서 물질과 정신이 구성된다는 것이다. 물질적 대상 은 물 자체가 아니라 지각되고, 혹은 지각되지 아니한 모든 국면(aspects)의 집합에 불과하다. 지각된 국면은 감각이고 지각되지 아니한 국면은 단순히 물리학자의 대상을 가리킨다. 이리하여 물질은 중성적 소재로 구성된다. 정 신현상 즉 지각, 기억, 사고, 욕망, 감정, 의지 등의 모든 현상은 의식현상인 데 그 의식은 물질적 소재와 다른 소재가 아니다. 즉 정신과 물질 사이에는 성질상 다른 것이 없다. 의식도 물질과 같이 공통된 소재에서 구성된다는 것이다. [15]

근래 벤토프는, '물질은 의식을 담고 있다' 혹은 '물질이 곧 의식이다' [16] 라고 보고, 결론적으로, '지구는 거대한 의식체이며, 인류의 의식 총합은 이 거대한 의식체의 작은 부분에 불과하다' [17]고 말한다. 또 이렇게 설명한 다. '우리의 관찰자 혹은 정보의 파동이 주기적으로 우주의 내부 원환체로 팽창을 거듭하고 있고, 또한 다른 모든 사람들의 관찰자 내지는 정보파동

---

14) 하루야마 시게오 저, 반광식 역, 《뇌내혁명》(서울 : 사랑과 책, 1996), pp. 65~68.

15) 김준섭,《서양철학사》(서울 : 백녹, 1991), pp. 423~424. 카프라 교수는 중국의 역에서의 음양의 상 호작용 역시 호흡현상과 같은 방식으로 설명하고 있다. 이것은 모두 인간과 세계, 정신과 물질이 별개 의 것이 아니라 동일한 실재의 양면성을 가지고 있다는 것을 표현하는 것이다. 상보성의 원리에 있어 서 원자나 전자와 같은 관찰되는 대상적 체계와 실험장치나 관찰자와 같은 관찰하는 주체적 체계 사 이에는 결코 분리할 수 없는 어떤 신비적인 국면이 있다는 것이다. 이것은 인식되는 대상으로서의 물 질과 인식하는 주관으로서의 정신이 결코 분리될 수 없다는 것을 암시하고 있다. [카프라, 이성범 · 김 용정 역,《현대물리학과 동양사상》(1979), p. 389 〈해설〉중]
   유젠 위그너(1902~195)는 '관찰자의 의식이 우리의 파동함수를 결정적으로 붕괴한다'고 한다[J. 메키보이, 이충호 역,《양자론》(서울 : 김영사, 2001), p. 152].

16) 벤토프, 전게서, p. 237. 물질은 자성으로 '기억' (holography) 기능을 갖고 있다. 베커/쉘든 (《생명과 전기》)은 "몇몇 연구자들은 초감각적 지각에 대한 유망한 근거로 전자기장을 주목하기 시작했다" (p. 336)고 하고 있다. 사실 우리의 마음은 전자기장에 영향을 주기 때문에 초상현상을 일으킨다. 참고 : 김봉주의 〈정신법칙〉 (《심령과학도감》중).

17) 상게서, p. 239. 오늘날 과학자들의 학설은 지구가 하나의 유기체라는 쪽으로 기울고 있다는 것, 그리 고 식물에도 의식(감정)이 있다는 것을 실험적으로 보여주는 〈박스터효과〉 등은 일찍이 동양에서의 범신론 혹은 불교에서의 '만물유정론' 을 과학적으로 입증하고 있다.

도 똑같이 팽창하고 있다. 눈 깜짝할 사이에 우리는 그들과 함께 정보 홀로그램을 만들어 내며, 이러한 일이 매초 몇 번씩 반복된다. 이 모든 상호작용이 일어나게 하는 기준진동수가 바로 절대계이다. 이렇게 해서 이 우주에서 형성된 모든 정보가 거기에 나타나기 때문에, 우리는 그 지역을 우주심(universal mind)이라고 부를 수 있다.'[18] 즉 '간섭무늬 또는 지식-정보의 홀로그램을 우주심이라 부를 수 있다.'[19]

우주가 초대형 컴퓨터임은(봄도 말함) 홀로그램(사진기 렌즈 없이 사진을 만드는 원리)[20] 우주설(사물의 전일성설)이나, 융의 집단무의식설이 잘 나타내고 있다. 이들의 견해는 매우 적중하다. 봄은 다음과 같이 생각하고 있다.[21]

홀로그램 우주에서는 의식이 모든 물질 속에 편재해 있으며, '의미'는 정신세계와 물질세계 양쪽에 모두 존재하여 작용하고 있다는 사실을 상기한다면 그리 이상한 일이 아니다.[22]

우리가 만져서 알 수 있는 대상들은 생명이 없는 것이 아니라 그것의 고유한 형태의 의식으로 채워져 있을 것이다. 그것은 우주로부터 따로 떨어져 존재하는 '사물'이 아니라 만물의 상호연결성의 일부가 되어 그것과 접촉하는 모든 사람들의 생각과 연결되고, 그 존재와 인연의 옷깃을 스친 모든 동물과 사물 속에 편재해 있는 의식과 연결되며, 감추어진 질서를 통해 자신의 과거와 연결되며, 그것을 손에 들고 있는 정신측정능력자의 마음과 연결되어 있을 것이다.[23]

---

18) 상게서, p. 228.
19) 상게서, p. 241.
20) 노벨 수상자 데이비드 봄은 '부분 속에 전체의 정보가 모두 저장되어 있다', '이 원리를 우주에까지 적용시킬 수 있다'고 하고 하나의 파라다임으로 소개했다. [김상일, 《현대물리학과 한국철학》(고려원, 1991), p. 103]
21) 마이클 탤보트 저, 이균형 역, 《홀로그램 우주》(서울 : 정신세계사, 1999).
22) 상게서, p. 208.
23) 상게서, p. 209.

우주는 자체가 일종의 거대한, 유동(流動)하는 홀로그램이다. 전자는 기본입자가 아니다. 그것은 홀로무브먼트의 한 측면에 붙여진 이름에 지나지 않는다. 실제를 부분들로 나누고, 거기에다 이름을 붙이는 것은 인습의 산물이며, 임의적일 수밖에 없다. 우주 속의 모든 것들은 서로 분리되어 있지 않기 때문이다. 의식은 좀 더 미묘한 형태의 물질이다. …생물과 무생물로 나누는 것 또한 무의미한 일이다. 그들은 불가분하게 서로 엮여져 있고 생명 또한 우주라는 총체의 전반에 깃들여져 있다. 바위조차도 어떤 의미에서는 살아 있다. 홀로그램의 모든 부분들이 전체 상을 담고 있듯이 우주의 모든 부분이 전체를 품고 있다. 우리가 접근 방법만 안다면, 과거에 일어났던 어떤 장면도 찾아낼 수 있으리라. 왜냐하면 원리상으로는 모든 과거와 미래를 시사하는 모든 내용들이 시공간의 미세한 영역 구석구석에도 깃들여 있기 때문이다. 우리 몸의 낱낱의 세포들도 그 속에 우주를 품고 있다.[24]

이 과학자의 견해에서, 필자는 1,300여년 전 신라 고승 의상대사(625~702)가 쓴 화엄일승법계도의 다음 구절이 생각난다. 의상의 깨달음의 경지는 참으로 위대하다 아니 할 수 없다.

> 一中一切多中一(일중일체다중일)
> 하나 가운데 일체요, 일체 가운데 하나라,
> 一卽一切多卽一(일즉일체다즉일)
> 하나가 곧 일체이며 일체가 곧 하나이다.
> 一微塵中含十方(일미진중함시방)
> 하나의 티끌 가운데 시방세계가 안겨 있고,
> 一切塵中亦如是(일체진중역여시)
> 일체 티끌 가운데도 이와 같네.

---

24) 상게서, pp. 75~80.

또 처치랜드는 이렇게 말하고 있다.

'마음이란 것은 두뇌와 연결되는 바로 그 자리에 있는 것이고, 그 둘의 상호작용은 우리의 과학이 아직 파악하거나 해명치 못한 상태의 에너지의 교환으로 이해될 수 있다. …아마도 마음이란 실체는 정상적인 형태의 에너지이거나 에너지의 발현, 아니면 다른 형태의 에너지일는지도 모른다. 왜냐하면 여전히 마음을 구성한다고 여겨지는 특수한 형태의 에너지는 우리가 두뇌라고 부르는 매우 복잡한 형태의 물질과 연결된 경우에만 나타나고 지속될 수 있으며, 두뇌가 소멸될 때는 사라질 수밖에 없는 가능성도 있기 때문이다.' [25]

그러므로 대저 마음이란 사람의 지(知), 정(情), 의(意), 염(念)의 움직임이니, 물체 · 육체에 대하여, 일컫는 전자기의 신묘한 작용의 일컬음이다. 즉 마음은 물질의 전자기 운동과는 또 다른 면의 전자기 운행의 한 형태이다. [26]

앞에서 러셀이 데카르트 이래의 물심이원론을 부정하고 물심일원론을 펴면서, '정신과 물질은 두 개의 다른 존재가 아니라 같은 소재(stuff)로 구성된다' 라고 한 견해(이 견해는 동양의 이기론에 가깝다)와 벤토프가, '물질은 의식을 담고 있다' 혹은 '물질이 곧 의식이다' [27]라고 보고, 결론적으로, '지구는 거대한 의식체이며, 인류의 의식 총합은 이 거대한 의식체의 작은 부분에 불과하다' 는 견해에 특히 주목하기 바란다.

---

25) 처치랜드, P. M. 석봉래 역,《물질과 의식》(서울 : 서광사, 1992), p. 29.
26) 상게서. E · Walker는 "광자에 의식consciousness)이 있다는 주장을 한다. 그리고 데이비스는 의식은 일체의 양자역학적 과정에 연결되어 있을지도 모른다" 고 하고 있다 [김상일,《현대물리학과 한국철학》(서울 : 고려원, 1993), p. 196].
27) 벤토프, 전게서, p. 237. 물질은 자성으로 '기억' (holography)기능을 갖고 있다. 베커/셀든 (《생명과 전기》)은 "몇몇 연구자들은 초감각적 지각에 대한 유망한 근거로 전자기장을 주목하기 시작했다" (p. 336)고 하고 있다. 사실 우리의 마음은 전자기장에 영향을 주기 때문에 초상현상을 일으킨다. 참고 : 김봉주의 〈정신법칙〉(《심령과학도감》중).

3) 나의 견해

앞의 여러 견해들을 종합하고, 필자가 30여년간 정신에 관하여 연구한 결과로 본 정신의 정의는 이렇다.

'정신이란 전자적(電磁的) 고(高)에너지로서 사물의 정보를 자율적으로 입·출력하며, 종합·판단·추리하여 대내외적으로 영향을 미치는 작용 또는 그 집합체이다.'[28]

한국의 19세기 기철학자 최한기는, '활동운화하는 기를 신기라고도 지칭하는데 천지지기와 마찬가지로 신기도 현상의 세계와는 별도로 존재하는 어떤 것이 아니라 기의 한 측면 혹은 한 성격을 나타내는 것일 뿐이다.'[29]라고 하였다.

우주만물은 에너지양자의 변형이다. 이것은 $E=mc^2$ 공식이 잘 보여주고 있다. 그런데 에너지양자란 일찍이 동양에서 관조(觀照)한 기(氣)이다. 기는 전자기성(電磁氣性)과 타키온성을 가지고 있으며 파장으로 이루어져 있다. 또한 기(氣)는 외형적인 면과 내용적인 면을 가지고 있어서, 전자는 물질적인 것을 반영하고, 후자는 반(反)물질적인 것, 즉 정신적인 것을 반영한다. 궁극적으로 현대초심리학자들이 가정하고 있는 psi(심령)는 기(氣)의 타키온성[30]을 말하는 것으로 기는 온 누리에 충만해 있다. 그것을 식성(識性)이라 한다.

이 현상을 우리는 컴퓨터에 비유할 수 있다. 즉 컴퓨터는 전자의 이동에 의해서 작동되는 것으로 입력과 출력이 인위적으로 행해지는 것이나, 자

---

28) 일본의 오오하시(大橋正雄)는 가설로서, '우주의 본질은 입자성과 파동성으로 구성되어 있는 바, 입자성은 사물들의 형태를 나타내고 파동성은 물체들의 성질, 기능을 나타낸다. 또한 사물은 전자파 에너지로, 파동성은 사물의 형태를 만드는 원동력이기도 하다. ……비유하면 파동성은 종사(縱絲)이고 입자성은 횡사(橫絲)로 해석된다'《波動性科學入門》(東京 : たま出版, 1983), pp. 16~17]고 말하고 있다.

29) 최한기, 《인정》권 5, 운화선불선. 앞에서의 아인슈타인과 벤토프의 견해를 상기하기 바란다.

30) 타키온은 빛보다 빠른(가상의) 실체, 타키온의 질량은 허수가 되어야 하며, 에너지를 얻을수록 속도가 느려질 것이다. 그래서 에너지가 가장 클 때 빛의 속도가 되고, 에너지를 모두 잃게 되면 그 속도는 무한대로 빨라질 것이다. 신₂이란 시공을 초월하므로 가정된 것이다.

연만물은 입력(入力)과 출력(出力)이 자동적으로 행해진다. 따라서 만물은 그 자체 PC와 같아서 끊임없이 입력과 출력을 계속하고 있는 것이다. 입력하여 저장된 내용이 쌓여진 그 총합(總合)이 그 물체의 본성, 즉 개성을 나타난다.[31] 하나의 인간이, 한 송이의 꽃이, 한 덩이의 돌이 그 자체인 것은 그만한 역사와 내력으로 이루어지는 것이다. 그러한 역사(내력 즉 정보의 축적)만 가지면 그 물체는 그만큼 독특한 파장을 갖는다. 우주의 본질은 기(氣)의 진동이요 만유의 본 모습은 그의 파장이라고 한 것은 이를 말함이다.

이를 쉽게 이해하려면 나무가 타서(변하여) 불이 되고, 불이 다시 힘(에너지)이 되는 것이라든가, 에너지를 변화시켜 소리, 빛으로 만드는 과정을 보면 된다. 만물(萬物)이 기의 변형임은 이것에서 충분히 알 수 있다. 따라서 우리는 여기서 두 가지의 원리를 추측하게 된다. 그 하나는 라디오나 TV가 전기에 의하여 소리와 영상을 보내고 받는 이치와, 또 하나는 컴퓨터의 온라인체계이다. 물체나 인간 각자는 라디오나 TV의 각 주파수(周波數=波長數)에 비유되며, 한 편으로는 개개의 컴퓨터의 파일에 비유된다.

그러므로 온라인조직은 각 인간의 심층심리(초의식) 상태가 우주에의 연결과 비유된다. 무의식인 사람 또는 죽은 사람은 집합의 무의식 즉 의식 활동의 우주적 배경과 연결되어 있는 것이라고 보면 된다. 위의 사실은 모든 동물, 심지어 박쥐, 모기, 곤충들의 감각 기관이 전기(즉 기의 변형)를 이용하는 것임을 보는 데서 그 실마리를 찾을 수 있다. 이러한 미물(微物)도 신성(정신)을 가지고 있음은 두 말할 나위가 없다.

이상의 제 설들을 잘 새겨보면 정신이 무엇인가가 잡힐 것이다. 그런 관점에서 나의 지론인 정신작용의 컴퓨터 비유를 좀 더 설명하면 이러하다.

마음에서 그 정신을 담는 그릇(육체)은 하드웨어이고 그것에 담겨지는 정보들(정신)은 소프트웨어이며, 그 입력·출력은 전기력에 의하고, 저장

---

31) 처치랜드의 견해 재인용 : '마음이란 사람의 지(知), 정(情), 의(意), 염(念)의 움직임이니, 물체·육체에 대하여, 일컫는 전자기의 신묘한 작용의 일컬음이다. 즉 마음은 물질의 전자기 운동과는 또 다른 면의 전자기 운행의 한 형태이다.'

(기억)은 자기력에 의하며, 추리 · 판단(연산/演算)은 음양(0, 1)의 변화(디지털 작용)를 행한다. 그러므로 한 마디로 말하면 모든 정신, 의식, 신2(神) 등은 전자기 작용의 일종이다.

심계(염계/念界)를 아는 데에 가장 쉬운 방법은 눈을 감아보는 것이다. 눈을 감았을 때 나타나고 사라지는 상들의 존재세계가 심계 또는 영계(靈界)인 것이다. 정보(像 등)가 입력, 저장, 출력되는 소프트웨어계를 말한다. 그것이 사람에게는 심(영)계요 물질에게는 신2계이다. 사람이나 동물, 식물, 광물 등의 정보의 입출력 작용은 만물이 거의 같되, 그 연산작용 능력의 차이가 있을 뿐이다.

사람이 죽으면 영혼이 육체에서 분리된다고 하는데, 그 때에는 분리되는 것이 아니라, 컴퓨터(hardware인 육체)가 망가지면, 개개인의 software인 정신(PC가 축적한 정보의 총합계=영혼)이 우주라는 초대형 컴퓨터에 온라인 되어 있었으므로(우주체 속에) 그대로 남아 있게 되는 것이다.

4) 범신론(汎神論)

앞의 이론은 자연히 범신론을 제기한다. 우주를 하나의 물질체로 보고 그 기능면을 신2으로 보는 것이다. 이 이론에 의하면 신1(God)이란 없고 그 대신 현존하는 우주 안에 나타나 있는 실재 · 힘 · 이법(理法)들의 총합이 있을 뿐이다. 이는 '만유내재신론'(萬有內在神論, panentheism)으로써 신2이 비록 자기 존재의 전부는 아니지만 그 일부에 해당하는 우주를 포함한다고 주장한다.

범신론에는 몇 가지 유형들이 있는데 의식이 전체로서의 자연으로부터 기인한다고 보는 범심론(汎心論, panpsychism), 세계는 현상에 불과한 것이며 궁극적인 비실재라고 해석하는 비우주적 범신론(cosmic pantheism), 합리적인 신플라톤주의적(유출론적) 범신론, 직관적이고 신비주의적인 범신론이 있다. 힌두교와 불교의 교리에는 여러 유형의 범신론이 혼합되어 있으며, 이러한 범신론 형태가 〈베다, Vedas〉 · 〈우파니샤드,

Upaniṣad〉·〈바가바드기타, Bhagavad-gītā〉에 깊이 뿌리박고 있다. 여러 그리스 철학자, 특히 크세노파네스, 헤라클레이토스, 아낙사고라스, 플라톤, 플로티노스 및 스토아학파 주창자들은 서양 범신론의 기초를 닦는 데 이바지했다. 신플라톤주의와 유대-그리스도교 신비주의를 통해 전달된 이 전통은 요하네스 스코투스 에리게나, 마이스터 에크하르트, 쿠사의 니콜라우스, 조르다노 부르노, 야코프 뵈메에 의해서 중세와 르네상스 기간까지 지속되었다.

유대인 합리주의자 베네딕트 스피노자(1632~77)가 가장 철저한 범신론 체계를 공식화한 것은 서양 철학에서 근대가 시작될 무렵이었다. 그는 무한한 속성을 지닌 단 하나의 실재만이 존재한다고 주장했다. 따라서 신₁과 자연은 하나의 동일한 실재를 가리키는 두 가지의 이름일 따름이며, 만일 그렇지 않다면 '신₁과 세계'는 신₁보다 훨씬 더 큰 총합이 될 것이라고 했다. 그러므로 신₁의 필연성은 세계의 필연성을 뜻하며 자유의 어떤 가능성도 배제한다. 이 견해가 현대적 범신론에 가장 가깝다.

전통적으로 범신론은 정통 그리스도교 신학자들에게 배척을 당해왔는데, 그 이유는 범신론이 창조주와 피조물 사이의 구분을 없애고 신₁을 비인격체로 만들며, 초월신보다는 내재신을 암시하고, 인간과 신₁의 자유를 배제하는 것으로 인식되었기 때문이다. 그래서 새뮤얼 존슨은 범신론이 "신₁과 우주를 혼동하고 있다"고 말했다.

만유내재신론은 개인의 자유와 창의성을 부정한 범신론과 신₁이 멀리 떨어져 있다고 한 고전적인 유신론(有神論)의 중간에 자리잡고 있다. 유사(類似) 만유내재신론은 플라톤의 〈법률, Nomoi〉에까지 거슬러 올라가지만, 그 교리가 조직적인 체계를 갖춘 것은 19세기 독일 관념론(피히테·셸링·헤겔)과 20세기 과정철학(화이트헤드)에서였다. 화이트헤드의 계승자인 찰스 하트숀은 개별적이고 반(半)자율적인 세포들(알려지거나 알려지지 않은 실재의 모든 구성요소)로 구성되는 유기체(신₂)에 관한 유추에 근거해 범신론에 대한 명확한 신학적 분석을 내놓았다.

이상으로 우리는 우주만물이 정신(우주유일신이건, 만물개별신이건)성을 가지고 있음을 부정할 수 없게 되었다.

5) 정신의 구분(심, 영, 신1)

육체와 반대되는 개념은 마음(心)만을 지칭하는 것으로, 인간에 국한했을 때의 의미요, 비물질적인 신2적 실재라 했을 때에는 인간의 마음뿐 아니라, 자연 전체 우주가 작용하고 있는 내면작용이 포함된다. 사실 정신은 인간에게만 존재하는 실재가 아니므로, 여기서는 넓은 의미를 받아들임이 마땅하다. 우주와 물질과 정신의 관계를 그림으로 나타낸 것이 태극이나, 그것을 다시 세분하면, 물질계는 1차원, 2차원, 3차원이 되고, 정신계는 심(마음), 영(靈魂), 신1의 세 차원이 된다.

그러면 마음(心)이란 무엇인가? 마음은 육체와 정신이 결부되어진 개념으로서, 바꾸어 말하면 인간에게 내재하는 정신이다. 영은 인간에게서 육체를 제(除)했다고 할까, 무시했다고 할까, 하여간 육체와 관련을 짓지 않을 때의 정신이다. 신1이란 정신의 지고지상(至高至上)한 대상이며, 유일하며, 절대적인 상태로 우주적인 개념이다. 이를 다음과 같이 간추릴 수 있겠다.

심 = 육체 + 정신
영 = 인간 - 육체
신1 = 절대정신(絕對精神) : 유일심(唯一心),
　　　　우주의지(宇宙意志)

정신과학은 앞 절에서 말한 정신 일체(一切)를 다루는 학문으로 그 대상은 마음, 영, 신1이다. 그러므로 심리학, 초심리학, 비학(秘學, Occult), 신학(일부) 등이 모두 정신학의 분야이다. 그러나 여기서 분명히 하고자 하는 것은 현대 심리학이 마음을 다루되, 정신을 독립된 존재로 보지 않고 다루듯이, 여기 정신학은 물질과 독립된 존재로서의 정신이 아니라, 물질과 연합된 바의 정신을 다루는 데서 종래의 정신학(심령학 또는 신학)과 아주 다르다 하겠다.

다시 우리가 주의해야 할 것은 마음이나 영이나 신₁이 정신적 실재라는 것, 따라서 이들은 각기 다른 개별 존재가 아니라 동일 존재의 다른 상태 즉, 수준(level)이라는 점이다. 종래의 수다한 학자들이 간파하지 못하여 오해를 한 점이 바로 이 점이다. 즉 '마음'이라 하면 그것이 개체가 아님을 쉽게 이해하나, '영'이라 하면 정신적인 실재라는 점은 잊고 곧 형상적(모양이 있는) 실재로 생각했던 것이다. 마찬가지로 '신₁'은 인간과 같은 어떤 상(像)을 가진 존재로 생각하기 때문에 신₁의 본체를 잡을 수가 없었던 것이다.

위와 같은 오해를 아주 없애기 위하여, 나는 다음과 같은 그림을 제시한다.

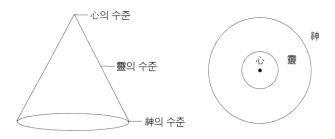

단 정신의 각 수준이나 각 범위에는 명확한 경계선을 그을 수 없다. 그것은 각 개인이나 사물에 따라 다르기 때문이다. 그 구분은 color spectrum의 어떤 한 색깔과 같아서 과학적으로 어디에서 어디까지가 마음(비유하여 빨강)이냐 하는 것은 말할 수 없는 것과 같다. 대충 그 언저리만을 짐작할 수 있는 것이다.

의식의 수준으로 말하자면, 마음은 주로 표층(현재) 의식이 주로 차지하며, 영은 심층(잠재) 의식이 차지하며, 신₁은(프로이트가 말하는) 무아의식(the id) 및 초자아(super ego)가 관계되는 부분이라 볼 수 있다. 때문에 혹자가 의식을 현재의식, 잠재의식 및 초의식으로 구분한다든가, 의식, 영의식 및 제3의식으로 구분하는 것도 일리가 있다고 생각된다.

양(動的)……현재의식(표층의식)……생시(생체) 활발,
음(靜的)……잠재의식(심층의식)……최면, 수면, 사망 후 활발

위 두 의식은 별개의 것이 아니고 한 쪽이 약해지면 다른 쪽이 강해지는 서로 반비례적이라고 생각된다. 또한 양의식은 음의식에 영향을 준다. 예를 들어, 어떤 인간의 잠재의식은 현재의식의 활동으로 말미암아 축적되어 형성되며, 행동 시에 잠재의식은 암암리에 현재의식을 조정하여 무의식적으로 나타나게 만든다.

프로이트가 의식(정신)을 구분하는 그림을 보이고 있으나 그것은 좀 복잡하기에 나는 다음과 같이 생각해 본다. 정신을 고차원, 물질을 저차원으로 구분한다면, 고차원 세계는 어느 면에서 4차원, 5차원, 6차원으로 구분할 수도 있겠다. 여기서 말하는 4차원이란 오늘날 과학에서 말하는 4차원(3개 차원+시간)이 아니라는 데 주의할 것이다.

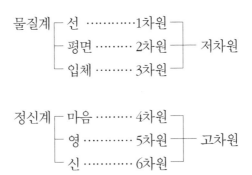

요컨대 정신이란 비물질적, 무형, 무체, 무질, 무감각적 실존재(참고 : 본서의 정신학 제2정리)로서, 의식, 지각, 기억, 사고, 추리하며 감정을 가지고 활동(작용)하는 본성(本性)의 총칭이다. 정신은 성질(性向)적이기 때문에 수량과는 관계가 없다. 그러므로 우리의 두뇌 속에 무한량의 기억을 저

장하고(靈을 불러들이고) 채워도 넘치는(넘쳐 터지는) 일은 없다. 마찬가지로 영이 무수하더라도 영계(靈界)가 만원이 되는 일은 없다. 또한 물질적 세계에서는 원인결과의 법칙, 즉 인과율(因果律)이 100% 지배하여 자유의 여지란 절대 없으나 정신세계에서는 자율성이 상당히 허용된다는 것을 알아야 된다.

6) 정신해석의 주류(主流)

이미 나는 정신이 무엇이며, 그 연구대상은 어디까지이며, 정신의 영역에 속하는 인간의 마음, 영, 신¹에 대하여 옛날부터 지금까지 여러 학자들이 가졌던 정신관을 약술하였다. 이에 의하여 우리는 대충 정신의 범주에 속하는 실제론을 어떻게 보았는가를 알 수 있다. 특히 그 해석의 변천을 짐작할 수가 있다.

여기서 가장 주목해야 할 것은 원시 상태로 올라갈수록 해, 달, 별, 하늘, 바다, 나무 등 실체물을 정신적 존재(대개 유일신이라는 의미)로 생각하는 반면에, 과학(人智)이 발달해 옴에 따라 영혼이나 신¹의 존재를 부인하고, 근대에 이르러서는 정신은 물질의 소산(所産)이라고까지 보게 되었다는 사실이다.

이러한 견해들은 시대에 따라 압도적 다수가 가지는 것이지, 한 시대의 전체 사람들이 갖는 것은 물론 아니어서, 현재를 기준하여 보아도, 무학자들은 원시적인 생각을 갖는 반면에, 지식인들은 개화된 생각을 가지고 있다.

여하간 옛날식 사고방식의 특징은
① 인간생활에 영향을 미치는 신비한 사물은 전부 신¹(유일신)이 깃들여 있는 존재로 보았다.
② 영혼이나 신¹을 물체와 분리하여 독립된 실체로 보았다.
또한 근대적 사고의 특징은
① 영혼이나 신¹이란 존재하지 않는다.

② 정신은 빛이나 소리처럼 물질에서 생겨나는 것이다.

라는 것이다.

결론부터 말한다면, 나는 위 두 가지 견해가 다 옳지 않다고 본다. 그 이유는 이후 본서에서 차차 밝혀지게 될 것이기 때문에 보류해 두기로 한다. 다시 본론으로 들어가서 인간의 정신관의 역사를 보면 한 마디로 표현하여 영혼이나 신₁이 있느냐 없느냐의 대립사(對立史)라 볼 수 있다. 그것은 어느 모로 유심론과 유물론의 논쟁사이기도 하다. 그러나 내가 보기에는, (1) 세계(우주)관에 꽤 달관했다고 보는 학자들도 더러는 있으며, (2) 어렴풋이 그 진리의 언저리까지 간 사람, (3) 전혀 근처도 못간 사람이 있는가 하면, (4) 같은 진리를 가지고 사람에 따라 학자에 따라, 서로 다르게 말함으로써, 사실과 어긋난 듯이 보이는 것도 있다. 이 모든 부류를 상세히 논할 필요는 없고, 여기서는 단지 영·신₁이 있느냐 없느냐 하는 문제가 가장 큰 문제이므로 논설을 여기에 집중하고자 한다.

영이나 신₁이 있다는 측을 보면, 우선 두 가지로 나눌 수 있는데, 그 하나는 영이나 신₁이 인간(육체)처럼 모습을 하고 있는 것으로 생각하고 있는 부류, 다른 하나는 실체적이 아닌 신통력이나, 의식적으로만 존재하는 것으로 생각하는 부류라 하겠다. 전자는 원시적인 사고에서 나온 것이며, 후자는 꽤 진보된 사고로 옛날 사람 중에도 달관한 사람들은 후자적 사고를 했던 것이다.

반면에 영이나 신₁이 없다는 측을 보면, 역시 두 가지로 나눌 수 있는데, 그 하나는 육체와 분리될 수 있는 어떠한 존재는 없으나 정신(마음)면 만을 의식하는 부류와, 다른 하나는 물질 외에는 전혀 고려하지 않는 부류이다. 이 두 부류 중에는 무식한 사람도 있는가 하면 아주 유식한 사람들이 많이 있다.

7) 정신개체관

정신개체관이라 함은 영혼이나 신₁이 육체 또는 물질과 분리하여 독립적으로 존재한다고 보는 사상으로 가령 인간의 육체가 멸망하더라도 정신은 계속 독립하여 존속하며, 신₁은 독립된 최고의 인격체로서 만물을 다스린다고 보는 것과 같은 견해이다. 이들에 의하면 영혼은 육체에 머물러 인간을 진실로 살게 하는 것으로, 그것이 떠나면 육체가 죽는다고 생각한다. 따라서 사람이 죽더라도 영혼은 인간 육체의 모습을 계속 유질(幽質) 또는 에텔질로 유지하면서 저승, 영계 아니면 유계에서 살아나가고 있다고 믿는다.

또한 신₁은 사람(가령 머리가 하얀 노인)의 모습을 하고 있어서 때로 현실에서 또 꿈속에서 나타나 계시 등을 주는 것으로 굳게 믿고 있다. 따라서 '유계도 꼭 이 세상과 같아서 어느 먼 산을 넘고 넘으니 그곳에 영계가 있더라' 는 것이다. 또 영계에도, '꽃 피고 새 울고 언제나 여름이 있으며, 학교도 있고, 병원도 있더라' 는 것이다. 이 지상과 같은 세계가 공간적으로 또 있어서 그곳을 영혼은 넘나드는 듯이 말한다. 따라서 그곳에서 살다가 어떠한 인연으로 인하여 이 세상에 재생하여 온다는 것이다. 영혼이 영계에서 떠돌다가 어느 사람의 난자와 정자가 수정(受精)되면 영은 그 수정란에 재빨리 들어가 태어난다는 것이다.

또 일설에 의하면 인체는 육체 외에 유체, 영체, 신체로 되어 있다고 한다. 유체는 육체와 꼭 같은 이중체(복체)로서 때로 이탈이 되며, 유체가 이탈하여 생명사(絲)가 끊어지면 죽음이 온다는 것이다.[32] 그러므로 교령회나 강신술로 영을 부르면 그 영계의 유체가 그대로 나타나는 것으로 믿는다. 이러한 해석이 곧 재래의 영혼관으로 지금도 심령주의자들이나 종교인들은 물론 근대 심령과학자들이 고집하고 있는 사상이다. 때문에 그들은 "인간이 잠자고 있을 때 영혼은 어디에 가 있는가?", "잠재의식이 발동할 때, 현재의식은 어디로 가 있는가?", 또는 "해마다 인간들이 죽어가면 그 많은 영들이 다 어디에 가 있는가? 만원이 되어 있을 곳이 없지 않은가?" 등등의 의문을 가지게 된다. 이러한 사상의 근원은 바로 영, 신₁을

---

32) 멀둔 저, 김봉주 역, 《유체이탈》.

유형, 유체, 유질로 오해하는 데 있다.

앞서 본바와 같이, 심, 영, 신₁은 어디까지나 무형, 무체, 무상이므로 우리는 소위 저승이라고 하는 영계, 즉 정신세계를 이승인 실세계, 즉 현실세계와 같이 생각해서는 안 된다. 그러므로 분명히 말하거니와 정신세계는 물질적 현실 세계로 존재하는 것이 아니라, 정신적 즉 의식의 실세계로 존재하는 것이다. 흔히 영매 또는 영능자들이 투시(또는 영시/靈視)하거나 영청하는 세계를 '다녀온다' 라고 말하는데 실제 그들이 어떤 공간을 걸어서 갔다 오는 것이 아니라, 단지 의식을 집중하면(특수 의식상태가 되면) 그들에게 보이거나 들리거나, 아니면 그냥 알게 되는(직관하는) 것일 뿐이다. 마치 최면상태가 되면 어떤 장면을 보고 듣거나 아는 것과 꼭 같은 것이다. 18세기의 과학자인 스웨덴보르그(1688~1772)가 영계를 몇 번이나 투시한 것도 실제 그의 영이 걸어서 그 곳에 갔다 온 것이 아니라, 그가 고테버그의 친구 만찬회에서 420㎞ 떨어진 스톡홀름의 대화재를 투시한 것과 똑같이 현지(영계)에 아니 가도 보이거나 아는 것이다. 이런 점에서 그의 영계 투시 사실을 나는 인정하면서도 그가 쓴 책《나는 영계를 보고 왔다》내용 중 '정령계의 거대한 바위산과 빙산을 넘어가면 거기에 영계가 있더라'[33]는 식의 말은 인정할 수가 없다. 다시 강조하거니와 영계는 정신세계이므로 공간적인 어떤 곳을 넘어가는 것이 아니기 때문이다.

영계는 우리가 눈을 감으면 안전(眼前)에 전개되는 것과 같이, 형상적으로 '없으되' 꼭 있는 것과 같이 모든 사실들이 일어나는 것(상태)이다. 다시 말하면 물질적, 유형적, 육체적으로가 아니라, 의식적으로 전개되는 세계가 정신세계이다. 따라서 현대심리학에서 영혼, 유령, 신₁들을 단순히 마음(정신)의 작용으로만 보는 태도는 어느 모로는 옳다고 보겠으나, 한편 정신의 작용을 과소평가하여, 영혼, 유령, 신₁ 등이 없다고 보는 견해는 재고할 문제이다. 바꾸어 말하면, 물체적으로는 존재하지 않으나 정신적으로는(정신세계에서는) 실체처럼 존재하는 것이 확실하다는 것이다.

---

33) E. 스웨덴보르그, 하재기 역,《나는 영계를 보고 왔다》(서울 : 태종출판사, 1975), p. 52.

그러므로 정신은 물질적, 유형적, 육체적으로는 개체를 가지고 있는 것이 아니어서 실체적으로는 없어 보이나, 무형, 비물질적, 반물질적으로 존재하는 것이다. 영은 어떤 체(體)가 아니라 격(格)을 가지는 존재이다.

  이렇게 말하면 강령회나 최면술자가 어떤 영혼을 부르면 나오(나타나)는 것은 독립적 개체가 있으니까 오는 것 아니냐 할 것이다. 그 개체가 나오는 것은 컴퓨터에서 파일명을 불러오는 것과 같아서 어느 영혼이 유형화되어 나타나는 것이 아니라 우주 컴퓨터 내에 내재되어 있던 정보들이 파일로 뜨는 것이다. 영매들이 어느 영혼을 부를 때 ○○국 ○○도 ○○군 ○○면 ○○리 ○○대주(大主) 몇째 아무개 이름을 대는 것이나, 불교에서 49재 등을 할 때 스님이 어느 나라 어디에 사는 아무개 영가(靈駕)라는 이름을 부르는 것은, 마치 PC에서 파일을 불러 오는 것과 같은 것이다. 그 때에 나타나오는 것은 영혼개체가 아니라 정신적 정보계(情報系), 즉 개인의 정보집합인 것이다.

  이 현상에서 보듯이 영혼이 온다든지 간다든지 하는 것은 하드웨어인 컴퓨터에서 불리워서 떴다 졌다 하는 것이므로, 영혼이 잠시라도 물질에서 분리(物神分離)되는 것이 아니다. 재언하거니와, 육체(PC 하드웨어)가 망가져서 못 쓰게 되었다 하더라도 소프트웨어(정보)는 온라인 되어 있기 때문에 우주컴퓨터 안에 그대로 남아 있는 것이다. 심 · 신₂이라는 소프트웨어는 물체인 개인 PC에 들어 있다가 그대로 우주라는 하드웨어 속에 남아있는 것이다. 그러므로 여기서 ‘개체’ 라 함은 물질적 개체가 아니라 심 · 신₂적 개별 격(格)일 따름이다. 이렇게 심 · 신₂은 잠시도 물질(하드웨어)을 떠나서는 존재할 수 없는 것이다. 반대로 입출력하는 기능 및 정보를 갖고 있지 않은 물질도 존재할 수 없는 것이다. 이 현상을 ‘홀로그램 우주’ 에서 볼 수 있다.

  영혼이 영매에 의한 심령사진으로 나타날 때는 영매의 상념을 빌어서 나타나는 것이고, 영혼이 자의적으로 심령사진에 찍힐 때는 주위의 물질에서 수집한 엑토프라즘으로 형상화 되어 나타나는 것으로 생각된다. [이 항목은 뒤에 보이는 ‘엑토프라즘’ 참조]

8) 정신과학의 긴요성(緊要性)

1980년대 이후 대두된 신과학(새로운 정신과학)의 영향에도 불구하고 아직도 많은 과학자들은 '정신과학'이 성립될 수 있는가, 즉 '정신현상을 과학으로 다룰 수 있는가'에 대하여 부정적이나 회의적이다. 그것은, 첫째로, 과학 숭상주의자들의 생각으로써 '정신의 원리와 물리의 원리가 서로 다르다'는 공리를 모르기 때문이고, 둘째로는, 인문과학이든 사회과학이든 체계적이고 논리적으로 연구를 한다면 과학이라는 것을 잠시 잊은 견해이다. 현재 우리는 '인문과학'이니, '사회과학(대학)'이니 하는 용어를 사용하고 있음을 생각해 볼 것이다.

그러한 이유가 아니더라도 정신문제를 과학적으로 다루지 않으면 안 될 소이를 우리는 다음의 문제들에서 진지하게 검토하는 데서부터 출발한다.

① 신라의 고승 원효(元曉)의 실제 경험이다. 원효는 661년 의상(義湘)과 함께 당나라 유학길에 올라 당항성(唐項城 : 南陽)에 이르러 어느 무덤 앞에서 잠을 잤다. 잠결에 목이 말라 물을 마셨는데, 날이 새어 깨어 보니 잠결에 마신 물이 해골에 괸 물이었음을 알고, '사물 자체에는 정(淨)도 부정(不淨)도 없고 모든 것은 오로지 마음에 달렸음'을 깨달아 대오(大悟)했다. 원효는 그 길로 유학을 포기하고 돌아왔다. 이 깨달음을 한 마디로 '일체유심조(一切唯心造)'라고 하여 많은 감화를 주었다.

② 동서양을 막론하고 인간들의 뇌에는 '용'(dragon)이란 동물이 존재한다. 그것은 가상의 존재로 실제 이 세상에는 없는 동물이다. 그러나 그것은 실제 존재하는 것과 똑같이 인간에게 인식되어, 가상의 존재라는 것을 알면서도 마치 실물 취급되어 인류생활에 큰 영향을 주고 있다.

③ 우리는 보통 나의 침이 입 안에 있으면 더럽다고 생각하지 않는다. 그런데 일단 밖으로 나오면 더럽다고 생각한다. 더구나 남의 침은 더럽다고 생각하면서도 자기 아기의 침이나 애인의 침에 대해서는 더럽다고 생각하는 사람이 없다. 그와 유사한 현상은 동물, 특히 뱀에 대한 관념이다. 뱀이 더러울 것이 없음에도 많은 인간들은 뱀을 혐오한다. 마찬가지로 어떤 사

람들은 보신탕이 맛있다고 하는데, 또 어떤 사람들은 혐오식품으로 간주한다. 그런 것을 일반적으로 관념의 문제라고 한다. 관념이란 무엇인가? 생각, 즉 정신의 문제라고 많은 사람들이 생각하고 있다.

④ 어릴 때 많은 학생들이 담임선생님의 칭찬 한 마디에, '너는 수학을 잘 하는구나', '넌 노래를 잘 하는구나', '넌 글을 잘 쓴다'는 등에 의해 고무되어 성장하여 수리학자, 가수, 문학가가 된 예를 흔히 본다. 혹 그 애의 소질을 말해 준 데 불과한 경우도 있겠으나 그 선생님의 한 마디가 사람을 크게 성공시키는 것이다. 이 경우 역시 정신(생각)을 바뀌게 하여 이루어지는 것으로 정신의 문제이다.

⑤ 현대의학에서 인정하고 있는 '플라시보(僞藥效果)'[34]라는 것이 있다. 어떤 내과적 병, 예를 들어 몸살감기에 진짜 약(그 병에 물리적으로 유효한 약)이 아닌 가짜 약, 가령 설탕에 밀가루를 섞은 것을 의사가 '아주 신통한 약'이라고 하면서 환자에게 복용케 하면, 환자들은 정말로 효과를 보는 것이다.

이에 유사한 현상들은 기도, 목사나 신부의 안수가 병을 낫게 한다거나, 신념이 인생을 바꾸고 성공을 가져다 준다거나, 심지어 샤마니즘, 미신적 행위마저 효과가 있는 데서 본다.

이러한 효과들을 통틀어서 나는 '위약효과'가 아닌 '상념효과(想念效果)', 혹은 '인지효과(認知效果)'라고 한다. 그렇게 인지하면(믿으면) 그대로 효과가 있기 때문이다. 이는 '위약효과'라 간주하여 무시하고 넘어갈 일이 아니다. 나로서는 대단히 중요한 문제라고 생각한다. 그러므로 이 문제들에서 우리는 과학적으로 연구되어야 할 당위성을 찾는다. 이 모두가 정신과학이라는 학문분야에서 새로이 검토되어야 하기 때문에 '정신과학'은 긴요하다 하겠다.

---

34) 이를 위약효과라고 규정하는 것은 잘못된 물질과학적 발상이다.

II. 심령과학

여기에서 새삼 심령과학을 들고 나오는 이유는 현대 정신과학의 태동이 영혼문제에서 출발하여 심령문제(초자연현상) 전반에 걸친 과학적 연구로 약 100년간 지속되어 오다가 그것이 물리학자들에게도 필요성을 느끼게 됨으로써 신과학이 설정되고 나아가 정신과학(물질과학과 대립 내지는 연장선을 이루는 학문)으로 발전되었기 때문이다. 실제 현대 정신과학은 이 심령과학이 주를 이루기 때문이기도 하다. 즉 현대 정신과학은 이전의 심령과학의 전칭(轉稱)이기 때문에 심령과학에서부터 논의를 시작한다.

1. 심령 연구의 발단

심령 연구의 발단은 1848년 3월 31일 미국 뉴욕주 하이즈빌이라는 마을에 있는 존. D. 폭스 집에서 그의 딸 마가레타 3자매가 유령과 통신을 주고받고 하다가, 5년 전에 살해된 행상인의 영혼이 그의 지하실에 묻혀 있다는 사실을 알려 주어, 마을 사람들 수 백명이 지켜보는 가운데 그 곳을 파 보니 과연 영혼이 말한 대로였다. 이 사건이 매스컴에 크게 보도됨으로써 세상 사람들의 주목을 끌게 되어, 영혼의 문제가 영미국의 지식인 및 과학자들의 관심을 불러 일으킴으로써 시작되었다.

문제의 Fox 집

Fox집의 3자매들

2. 심령 연구 연표

'심령' 연구의 주요기록을 대충 연대순으로 보면 다음과 같다.

1848년   미국 하이즈빌(Fox집)사건 발생
1851년   영국 케임브리지대학에 망령학회, 그 후에 옥스퍼드대학에 현상학회 창설
1861년   미국 보스톤의 월리엄. H. 멀러가 심령사진을 찍음
1868년   영국 영능자 D. D. 홈이 공중비행 성공
1869년   영국 런던 변중법학회가 심령 연구를 위한 특별위원회를 설치
1871년~1874년 영국의 물리학자 월리엄 크룩크스가 영의 물품 이동 · 물체부양 · 물질화를 연구 발표
1882년   영국심령학회 Society for Psychical Research 설립
1885년   미국심령학회(ASPR) 설립
1905년   영국 월리엄 호프가 심령사진을 찍기 시작함
1910년   일본 심리학자 후쿠라이(福來) 박사가 염사를 발견
1912년   하버드대학에 초심리학 연구를 위한 호치슨 기금이 설립
1913년   독일 의사 쉬렛싱 넛칭이 저서《물질화현상》을 발간
1916년   성 토마스병원의 킬러 박사가 오오라 보는 법을 발명
1918년   프랑스 정부가 국제초심리학연구소를 공식기관으로 인가
1921년   초심리와 심령 연구를 위한 제1회 국제회의가 덴마크의 코펜하겐에서 개최됨
1922년   프랑스 생리학자 샤를르 리쉬에(파리대 교수)가《심령 연구 삼십년》을 발간
1922년   일본심령과학연구회 설립
1926년   미국 크라크대학에서 심령 연구 국제심포지움 개최
1927년   미국 듀크대학에서 라인 박사가 초심리학연구 개시
1927년   프랑스 내과의 구스타프 젤레 박사가《투시와 물질화》발간

1932년	영국 에딘바라심령대학 설립
1933년	미국 듀크대학에서 존 F. 토마스가 초심리학 논문으로 박사학위를 받음
1934년	미국 심리학자 J. B. 라인 박사가 〈ESP〉 논문 발표
1939년	소련의 키루리안 부처가 오오라사진 촬영에 성공
1946년	일본심령과학협회 설립
1950년	록펠러재단에서 초심리학연구를 위해 듀크대학에 보조금 수여
1956년	미국 웨이랜드대학과 세인트 조셉대학이 초심리학연구소 개설
1959년	미해군 잠수함 노틸러스호가 텔레파시 실험
1960년	소련에 국립초심리학연구소 발족
1966년	미국 크리브 박스터 박사가 식물에 감정이 있음(박스터 효과)을 발견
1966년	미국 정신병학의사 줄 아이젠버드 박사가 《테드 세리오스의 세계》(염사실험기록)를 출판
1968년	소련 모스크바에서 국제심령학회 개최
1974년	이스라엘의 영능자 유리 겔러가 미국 샌프란시스코 주립대학과 스텐포드 연구소에서 염능력 실험
1973년	한국심령학회 설립(대전 내과의사 유석형 박사)
1975년	충남대학교에 한국 최초로 심령과학회 발족(김봉주 교수)
1984년	9월 24일 KBS TV에서 「세기의 기적 : 유리 겔러 쇼」 방영
1984년	대한초능력학회 설립(영남대 정신과의 박충서 교수)
1994년	한국정신과학회 설립(서울대 공대 이충웅 교수 등)

〈충남대학교 심령과학회(CNUSPR) 창립총회 때 김 교수의 심령강좌〉

〈심령사진 전시회 때의 관람객들, 대전〉

3. 근대 심령과학의 연구

근대(19세기 후반부터 약 100년간) 심령과학에서는 주로 영매를 통하여 텔레파시, 강신술, 영언, 스푼 구부리기, 물품이동, 물체부양, 영의 물질화, 염사(念寫), 영혼 사진 등이 단편적으로 검토되어 왔으나, 물질과학적으로는 확답이 나오지 않아 아직도 과학은 심령과학을 과학으로 인정하지 않고 있다. 때문에 현대 정신과학인 초심리학에서는 과학적으로 확실하게 다룰 수 있는 ESP(초감각적 지각 : 정신감응)와 PK(염력)가 주로 연구소나 대학 실험실에서 검토되어 왔다. 가장 유명한 것으로는 듀크대학의 라인 박사가 30년간 한 ESP연구가 있고, PK 실험에서는 이스라엘 영능자 유리 겔러(1946~)의 실험이 있다. 겔러는 영국 킹스 칼리지, 미국 스텐포드 대학 등 물리 실험실에 가서 실험을 해보여 그에 관한 논문집《The Geller Papers》(Charles Panati 편집, Boston, 1976)이 발간되어 있으며 [필자 소장(所藏)], 일본의 도쿄대학 심리학과 후쿠라이(輻來友吉) 조교수는 염사(念寫)실험을 여러 번 하여 그 기록을 책으로《심령과 신비세계》(도쿄 : 인문서점, 1932) [필자 소장]을 간행한 일이다.

기타에도 심령과학 연구에서 성과를 올린 학자들이 많지만 세상 사람들, 특히 과학자들이 그를 믿어 주지 않기 때문에 위 세 가지 연구만을 특기해 둔다.

4. 현대물리학의 방향

20세기의 원자 및 아원자 세계에 대한 연구는 고전물리의 많은 개념을 근본적으로 수정해 놓았다. 전위 물리학자들은 현대물리학의 두 가지 기본인 양자론과 상대성원리가 기계론적 세계관인 '물질이란 본질적으로 죽어있는 원자인「기본건축벽돌」로 되어있다'는 설을 폐기하고, 동양신비사상(불교, 도교 등)이 이미 수 천년 전에 직관한 '세계는 수없이 많은 사건(Event)들로 이루어졌다' 는 사상과 일치하게 되었다. 즉 우주 삼라만상은 서로가 타(他)와 연결되어 있어서 어느 일부도 기본이 되는 것은 없다는 것이다. 우리들이 어떤 합성체를 쪼개 보면 원자로 분해할 수 있다. 그러나 원자를 더 분해해 가면 모든 물체와 형태는 크고 작고 간에 특수한 그림자에 지나지 않아, 우리는 원자의(절대적 혹은 독립적) 실체를 전혀 인정할 수가 없다.

이 시점에서 우리가 음미해 볼 견해를 보자.

외적 세계와 내적 세계는 모든 힘 및 모든 사상의 실(?)과 모든 의식의 형태 및 그 목적의 실에 의하여 불가분의 그물이 짜여지는 동일한 직물의 양면일 뿐이다(티벳의 불교도 라마… 뷘다)

상보성의 원리에 있어서 원자와 같이 관찰되는 대상인 체계와, 실험장치나 관찰자와 같이 관찰하는 주체적인 체계 사이에는 결코 분리할 수 없는 어떤 신비적인 국면이 있다는 것이다. 이것은 인식되는 대상으로서의 물질과 인식하는 주관으로서의 정신이 결코 분리될 수 없다는 것을 암시하고 있다(《현대물리학과 동양사상》, 프리초프 카프라).

'의식과 에너지는 하나' (Consciousness and energy are one)라고 하고, 물질이 에너지의 다른 면(面)이라고 한다면 정신 또한 에너지의 다른 면이다. 즉 정신과 물질은 동일한 에너지의 다른 양태이다 [Toben과 Wolf, 《시공간을 넘어》(Space-Time and Beyond)의 서문].

이와 같이 현대과학은 물질과학만으로 우주를 해석할 수 없음을 깨달아 가고 있다.

5. 심령과학의 연구대상

정신학의 연구대상은 무엇인가? 물론 모든 정신현상이 그 대상이 된다. 심리학이 다루는 제 분야를 비롯하여 소위 심령학이 다루고 있는 심령현상, 나아가서 신학의 일부가 포함된다. 현대심리학이 마음을 신체와 분리하지 않고 다루어 온 것은 정도(正道)이다. 왜냐하면 정신은 물질과 불가분의 관계를 가지고 분리할 수 없는 것은 사실이기 때문이다.

그러나 심리학은 인간의 마음만을 다루고 있으나, 오늘날 정신과학은 인간의 정신만을 다루는 것이 아니라, 동·식물, 무생물들의 정신, 나아가서는 인간의 사후 영혼문제까지 포함하기 때문에 초상현상을 다루는 초심리학 즉 심령과학이 정신과학의 주축을 이룬다.

소위 '초상현상'이란 것은 현대 물질과학으로 설명이 안 되기 때문에 붙여진 것이지 이 현상이 과학적으로 해명이 되면, '초상현상'이라고는 할 수 없을 것이다. '기적'이니 '불가사의'니 하는 현상도 현대과학으로 밝혀지면 이미 그러한 말들은 무용할 것이다.

여기서의 정신연구의 대상은 주로 종래의 심령현상이 되겠는데 그 이유는 마음에 관하여는 심리학에서 많은 진전을 보았고, 신학의 일부는 종교학에 속하기 때문이다. 다시 말하면, 정신학의 범위는 넓은 것이지만 여기서는 그 전부를 취급할 필요와 시간이 없기 때문에 가급적 정신학의 가장 주목의 대상인 심령현상에 대하여만 논의한다.

그간 심령현상은 다음과 같이 나누는 것이 통례였다.

1) 초상현상의 종류

애초 초상현상이란 개념은 19세기 이후 등장한 심령현상을 일컫는 술어로서 일반적으로 주관적인 것과 객관적인 것으로 대별된다.

전자는 한 인간의 정신이 자타의 정신 자체에 영향을 주어 일어나는 현상을 말하며, 후자는 인간 정신이 어떤 물체에 영향을 주어 그를 변형시키는 현상을 말한다.

가. 주관적 현상

최면 ⇨ 현재의식 상태가 심층의식 상태로 바뀌어 일어나는 일.

정신이상 ⇨ 분열증 등 정신이 비정상적인 상태로 되는 것.

텔레파시(정신감응, 사념전달) ⇨ 5관을 통하지 않고 사람들의 의념을 초감각적 지각(영감, 육감)에 의하여 서로 통하는 것.

투시(천리안, 靈視) ⇨ 영능(靈能)에 의하여, 육안으로는 아니 보이는 것을 안다든가, 먼 거리, 감추어진 것, 밀폐된 용기 안에 있는 것 등을 알아맞히거나 찾아내는 일.

영청 ⇨ 보통사람이 듣지 못하는 소리, 천성(天聲) 등을 영력으로 듣는 일.

심령감정 ⇨ 영능자(영매)가 어떤 물건을 손에 들거나 이마에 대고 직감으로 그 물건의 내력이나 소유자에 대한 제반 사항을 아는 일.

영언 ⇨ 영능자가 영혼의 말을 대신하여 하는 것.

인격전환(빙의/憑依) ⇨ 어떤 사람에게 타인의 영이 들어와 자기 아닌 딴 사람이 되는 현상.

나. 객관적 심령현상

생체변형 ⇨ 정신력에 의해 동식물의 삶에 영향을 주는 것.

물체변형 ⇨ 염력(念力)에 의해 물체를 변형시키는 것.

물품이동 ⇨ 영력에 의하여 물품을 옮기거나 사라지게 함.

물체부양 ⇨ 염력에 의해 인체나 물체가 공중으로 떠오르게 함.

원격치료 ⇨ 염원(念願) 또는 기도에 의해 멀리 떨어져 있는 환자를 치료함.

염사 ⇨ 염력에 의하여 사념(思念)을 사진으로 찍는 일.

심령사진 ⇨ 생령 또는 사령(死靈) 등이 찍히는 사진.

영의 물질화 ⇨ 영매에 의하여 영혼이 물질체로 나타나게 하는 일.

일본의 초심리학회 회장인 고쿠마(小熊虎之助) 교수는 심령현상을 거짓심령현상과 참심령현상으로 나누고, 전자를 오늘날 생리학이나 물리학 등 과학적으로 용이하게 설명되거나 해석이 되는 현상을, 후자를 종래의 과학이 용인하는 범위를 넘어서 새로운 가설을 세우지 않으면 설명이 안 되는, 정말로 과학적으로 문제 삼지 않으면 아니 될 현상이라고 하였다.[35] 현대과학으로 해석할 수 있는 심령현상과 해석될 수 없는 심령현상을 구분함이 일리 없는 것은 아니나, 해석이 되어진다고 하여 거짓심령현상으로 다루어 일종의 사술(詐術)처럼 생각하는 것은 그릇된 견해이다.[36] 현대과학으로 설명이 되든 안 되든, 정신문제로 일어나는 모든 현상은 심령(정신)현상임에는 틀림없으므로, 일본의 고쿠마 교수가 말하는 참심령현상도 사실 장차는 모두 과학적(물질과학적으로가 아니라)으로 설명될 수 있으리라 본다.

　따라서 여기서는 모든 심령현상을 차별 없는 정신현상으로 한데 묶어 다루기로 한다.

---

35) 小熊虎之助,《心靈現象の科學》(東京 : 芙蓉書房, 1974), p. 21.
36) 상게서, pp. 25~108.

원리론

무릇 학문이라는 것은 체계가 서고 원리를 설명하는 것이 기본이다. 그런데 100여년의 연구를 거쳤음에도 현하 정신과학에 있어서는 그 체계와 원리를 설명한 것을 보지 못했다. 때문에 학문이 학문으로 대접 받지 못하고 무시되거나 경시되고 있다. 참으로 안타까운 일이다. 이 때문에 나는 여기서 미흡하고 어설프나마 그 일에 착수하기로 한다.

I. 정신학의 공리(公理)

앞의 총론에서의 설명으로 정신이라는 것이 무엇이며 현대 물리학적으로는 어떠한 견해들을 보이고 있는가를 대충이나마 알게 되었으리라 생각한다. 그런데 정신(과학)을 이해하기 위해서는 우리가 우선 필히 알고 들어가야 할 전제가 있다. 이야기하고 보면, 그것은 초등학교 학생도 알 수 있는 아주 명백한 현상이다. 즉 정신과 물질은 어떻게 다르게 나타나는가 하는 것이다. 그들은 언뜻 생각하기에도 천양지판이라 할 정도로 다른 면이 있다. 다음을 보면 엄연히 다르다는 것을 알 수 있다. 첫째

정신	물질
무형(無形)	유형(有形)

말하지 않아도 사람이라면 금방 알 수 있는 현상이다. 좀 더 생각이 있는 사람(중학생 정도만 되어도)이라면

정신	물질
내적(內的)	외적(外的)

이라는 것을 알 수 있고, 좀 고등 지식으로 나아가면

정신	물질
동적(動的)	정적(靜的)
자유자재	부자유

정신은 외부적 작용이 별로 없어도 수시로 움직이고 변하나 물질은 어떤 작용을 받거나 환경의 영향이 없는 한 그대로 있으며, 변하지 않는다는 것을 알 수 있다. 좀 더 공부를 한 사람이라면

정신	물질
유심적(唯心的)	유물적(唯物的)

임을 알 수 있다. 과학자라면

정성적(定性的)	정량적(定量的)

임을 쉬이 알 것이다. 이에 대하여 나는 PC이론에서

정신	물질
소프트웨어	하드웨어
software	hardware

라는 생각을 가지고 있다.

이상은 얼핏 보기만 해도 엄연히 다르다는 것을 알 수 있다. 무슨 수리적으로 계산을 한다든가 철학적으로 깊이 사고해야 알 수 있는 문제가 아니다. 이들은 아주 단순하고도 보편적인 현상이므로 우리는 정신과 물질의 원리를 생각할 때, 우선 다음과 같은 법리(法理)로 정립할 수가 있겠다. 이를 정신학의 공리로 본다.

공리(公理) : 정신의 원리(법칙)와 물질의 원리(법칙)는 다르다.
[〈神物理相異原理〉(The principle of spirit differs from that of matter.)]

이 쉬운 원리를 생각해 보지도 않고 자연과학자들은 정신현상인 초자연현상을 부정해 오고 있다. 지금도 많은 과학자들은 초자연현상이란 있을 수 없는 현상으로 사술(詐術)이나 마술(魔術)로 치부하거나, 그러한 연구를 하는 사람들을 이상한 사람으로 취급하며 비과학적이라 몰아세운다.

이 공리에 의하면, 정신현상은 엄격히 자연(물질) 과학적으로 다룰 수가 없다는 것을 알 것이다. 이렇게 현상이 다르므로 자연과학은 만인이 동일한 조건 하에서 동일한 시료를 가지고 실험을 하면 100% 동일한 결과를 얻는 데 반하여, 정신과학은 동일 조건 하에서 동일 현상을 실험해도 동일한 결과가 나오지 않을 수도 있다는 것을 시인해야 된다. 그렇다고 과학이 아니라고 함은 아주 나이브한 생각이다.

그간 그리고 지금도 초자연현상을 다루는 학문을 과학이 아니라고 단정하는 태도는 진실로 위의 공리를 모르는 데서 오는 오류이다. 오컴은 '과학과 신학은 서로 상이한 목적을 갖고 있기 때문에 서로 다른 방법을 필요로 한다'고 했는 바, 그것은 이 공리와 상통하는 말이다. 원리가 다른데 어떻게 같은 과학으로 취급할 수 있는가? 이 기초적 지식을 모르고는 정신현상을 이해하거나 밝힐 수는 없는 노릇이다.

이것이 정신과학의 가장 기초가 되는 기본공리이니 이 구별을 못하거나, 하지 않고서 정신원리를 연구·실험함에 물리법칙을 적용시킴으로써 연구에 막대한 지장을 가져오고 있다. 심령을 실물체처럼 생각하는 것도, 심령이 없다는 생각도 모두 정신을 물질체처럼 생각하는 데서 오는 잘못이다.

이 공리는 정신과학을 하는 사람이나 물질과학을 하는 사람이나 간에 필히 알아야 할 공명한 원리이다. 자명한 사실을 새삼 하나의 형식으로 강조하는 것은 이 공리가, ① 정신과학의 체계를 세우기 위한 기초가 될 뿐만 아니라, ② 우리의 이 학문에 대한 인식을 보다 확고히 하기 위함이다. 이미 17세기에 파스칼이 '자연과학에 쓰던 척도나 방법이 인간의 마음의 세계에는 통하지 않음을 깨달았다' 고 간파했음에도, 아직껏 이에 귀를 기울이는 사람이 없으니 통탄할 일이다. 아직도 많은 학자들은 정신현상에 물질적 법칙을 적용하여 보고는 그에 맞지 않는다 하여 부정하거나, 정신학을 비과학적이라 하여 매도하는가 하면, 무지한 사람들은 그저 정신현상(초상현상)을 보고는 '기적' 이라고만 생각할 뿐 연구하러 들지 않는다. 그러므로 정신을 연구하려는 자는, 우선 '정신학은 비물리적 내지 반물리적(=反物質的) 법칙을 탐구, 실험, 정리하는 학문' 이라는 것을 명심해야 할 것이다. 따라서 정신학 연구자들은 물질과학에서 사용하던 수리공식은 접어두고 여기에 합당한 새로운 수리공식을 세워 나가는 게 바람직하다.

II. 정신학의 정리(定理)

1. 정신학의 제1정리

1) 인체의 구조

인체에 마음이 있고 의식작용을 하는 두뇌가 있으므로 정신이 인체 내에 깃들어 있다거나 정신과 인체와는 관계가 있다고 보는 것은 어렵지 않은 일이다. 의학상의 교훈에도 '건강한 신체에 건전한 정신이 깃든다'는 말이 있다. 또 환자가 마음을 독하게 먹으면 죽음에서도 살 수가 있다는 것도 아는 사람은 다 알고 있는 사실이다. 이것은 정신과 육체가 밀접한 관계를 가지고 있다는 한 증거이다.

그러한 관념은 예부터 많은 사람들이 경험을 통해서 얻은 것이지 과학적인 어떤 실험을 통하여 밝혀진 것은 아니었다. 정신과 육체가 밀접한 관

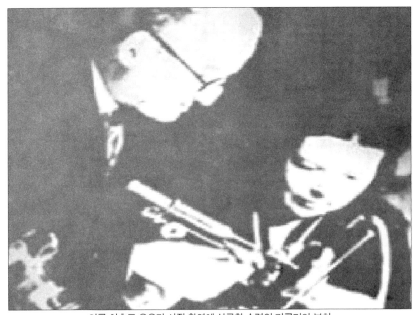

인류 최초로 오오라 사진 촬영에 성공한 소련의 키루리안 부처

계가 있다는 것을 과학적으로 실험하게 된 것은 인체의 오오라를 사진으로 찍어 보이는 데서부터 시작되었다.

2) 오오라(靈光)

물체가 전자기(電磁氣)로 되어 있음을 육안으로 보도록 밝혀 준 것이 오오라 사진이다. 이 오오라를 육안으로 쉽게 볼 수 있도록 한 사람은 1916년 영국의 성(聖) 토마스병원의

원색(原色) 인체 오오라

월터 J. 킬러 박사이고, 1939년 소련의 전기기사 세미욘 키루리안 부처는 고주파 전장(電場)을 이용, 오오라 사진을 찍어내는 데 성공하였다.

옛날 성인들, 즉 부처님이나 예수님 등의 몸체에서는 영광(靈光 ; 後光 ; 오오라)가 나온다는 것을 영능자(靈能者) 같은 특수한 사람들은 보인다고 하여 그림으로 나타내곤 하였다. 보통 사람들은 그것이 사실인지 아닌지 알지 못했다. 그런데 소련의 키루리안 부처가 오오라 사진을 촬영하여 사실임을 확인시킨 것이다.

옛날에는 영능자만이 영시(靈視)할 수 있던 이 오오라를 이제 사진으로 찍어냄은 물론 오오라 색채측정기로 건강을 진단하게 되었다. 인체오오라 색채측정기를 발명한 일본의 우치다(內田秀男)에 의하면, 그 기기의 바늘

인체 오오라 테스트 기(器) [출처 : 橋本 健 外, 1974,《四次元圖鑑》(東京 : 池書田店, 1974), p. 237]

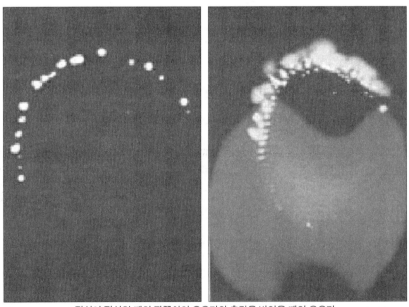

정신이 정상일 때의 팔꿈치의 오오라와 충격을 받았을 때의 오오라

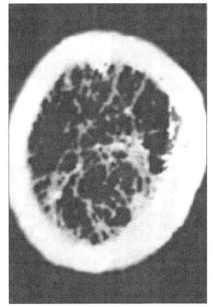
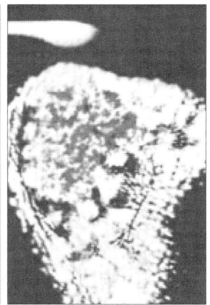

휴식 때의 손가락 오오라　　　　　　　감정 자극을 받았을 때

이 지시하는 바 다음과 같다고 하였다.

　　　적색, 핑크색… 꽤 흥분한 상태

　　　황색… 좀 피로한 상태

　　　귤색… 과로하여 병이 날 가능성의 상태

　　　녹색, 청색… 건강한 상태

　　　자색, 감색(무색)… 사람에 따라 영감이 있는 상태

　이것이 얼마나 정확한 실험결과인지는 모르나, 여하간 감정에 따라, 건강에 따라 다르다는 것을 확실히 알 수 있다.

　정신적으로 충격을 받거나 생각이 다름에 따라 위와 같이 오오라의 모

---

37) 참고 : "나는 인간을 여러 겹과 층의 구조로 이루어진 에너지 복합체라고 생각하고 있다. 몸을 이루고 있는 세포를 분해하면 분자가 되고 분자를 분해하면 원자핵과 전자가 되며, 이들의 실체는 파악하기 힘든 파동적 에너지이다. 결국 인간의 몸은 빠른 속도로 진동하고 있는 파동적 에너지가 뭉친 덩어리로 볼 수 있는 것이다. 나는 현재 각각의 환자가 가지고 있는 상념의 에너지를 이용해 이와 같은 에너지 복합체로서의 몸과 마음을 치료하는 다양한 최면 기법들을 개발하여 사용하고 있다." [김영우, 《영혼의 최면치료》(서울 : 나무 심는 사람, 2002), p. 45]

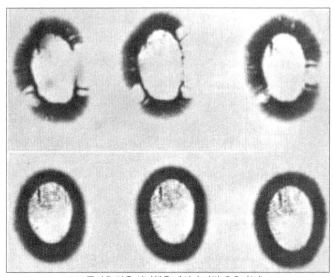

크고 두터운 것을 상념했을 때의 손가락 오오라(위)
작고 가늘은 것을 생각했을 때의 손가락 오오라(아래)
[위의 오오라 사진들의 출처 : 죤슨, 캔달 저, 충남대학교 심령과학연구회 역,
《사진으로 본 비물질세계》(서울 : 송산출판사, 1988), p. 108]

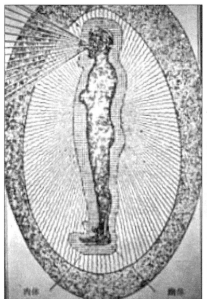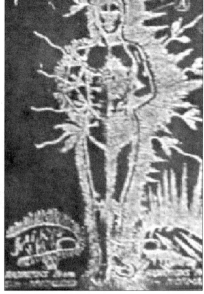

인체의 전자기적 구조도

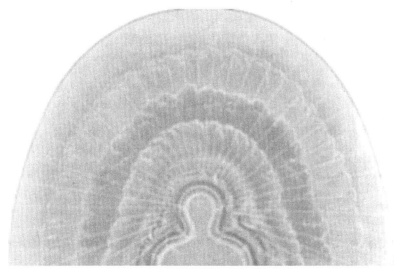

1, 2, 3, 4, 5, 6, 7층으로 됨을 보이는 인체 오오라

양이 달라짐을 알 수 있다.

오오라(aura)는 물체의 표면에서 방사되는 색깔이 있는 빛으로 한 겹 또는 겹겹이 둘러싸인 윤곽으로 보인다.[37]

앞의 인체의 전자기적 구조도는 인체뿐 아니라 만물이 전자기적 구조로 되어 있음을 보이는 중요한 한 자료로 이 후 본서에서 논의되는 많은 것의 기초가 된다.

인체의 오오라가 위와 같이 7층으로 구성되어 있다는 설이 있는데, 근래 실제적으로 한의학에서는 인체오오라색채측정기로 내과적 진단에 유용하게 사용하고 있다.

3) 물질의 구조

아인슈타인의 공식 $E=mc^2$는 모든 물질이 에너지로 되어 있음을 보여준다. 그것은 이 우주가 에너지로 되어 있다는 의미이다. 이 사상이 새로울 것이 없는 것은 자고로 동양철학에서는, 수 천년 전부터 이미 '우주는 기(氣=에너지 [에너지질료])로 되어 있다' 고 보아왔기 때문이다.

재언하거니와 서양과학은 물질과학 일변도로, 거기서는 정신문제를 결부시키기를 거부했으나 최근 들어서 동양 신비주의를 이해하면서 물질과 정신을 결부시키기에 이르렀다.

앞에서 언급한 바와 같이 과거에는 오오라를 성인들의 배후에 나타나는 후광을 말했으나, 근래에 와서는 하등(下等) 생명체인 아메바나, 또는 모기 등 생물, 나아가서는 모든 물체들이 오오라를 지니고 있음을 확인했다. 알고 보니 오오라는 모든 물체에서 발산한다. [다음 사진들 참조]

4) 유상(幽像) 잎

유상 잎(Phantom leaf)이란 유체(幽體) 잎 즉 나뭇잎의 유체이다. 나뭇잎을 일부분을 잘라 낸 후, 그 잎의 오오라 사진을 찍어보면 잘려나간 부분의 오오라가 원상대로 나타난다. 때문에 이 현상을 유상(幽像) 잎 혹은 유

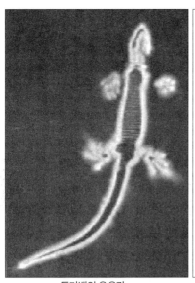 

도마뱀의 오오라　　　　　　　동전의 오오라

[출처 : 존슨 캔달 저, 충남대학교 심령과학연구회 역, 《사진으로 본 비물질세계》(서울 : 송산출판사, 1988), p. 85]

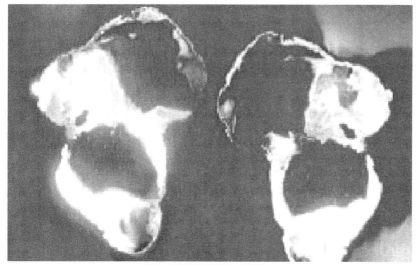
아프리카의 정동석(晶洞石) 오오라

상 잎 효과라고도 한다. 전쟁터에서 폭탄으로 팔이 잘려 나간 군인의 신체 오오라 사진을 찍어보면, 한 동안 그 잘려 나간 팔의 부분 오오라가 그대로 찍혀 나온다고 한다. 이 현상은 여러 가지를 암시하여 주는데, 특히 인간의 유체(幽體)가 존재할 가능성을 높여 준다. 현대 정신과학은 이 오오

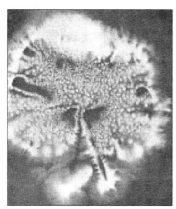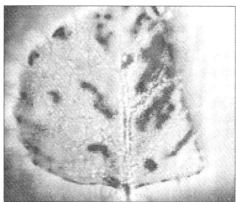
유상 잎(Phantom Leaf)

[출처 : 캔달 존슨 저, 충남대학교 심령과학연구회 역, 《사진으로 본 비물질세계》(서울 : 송산출판사, 1988), p. 134]

라 연구에서 획기적인 진전을 기대하고 있다.

5) 물·신$_2$의 관계

오오라 사진촬영의 의의를 생각해 본다면,

① 옛 영시자(靈視者)들의 말이, 예전에는 영광(靈光)이란 것도 유령이나 영혼처럼 불신하는 경향이 있었으므로 입증되었다.

② 육체는 물론 물체구조 연구에 진일보하게 되었다.

③ 의학에 크게 공헌하게 되었다.

가장 중요한 사실은 오오라의 연구로 정신과 물질 사이에 밀접한 관계가 있음을 현대과학이 확인하였다는 것이다. 여기서 특기할 것은 이미 수천년 전에 동양의 현자들은 '기행신행(氣行神行)' 이니 '기유신왕(氣由神旺)' 이니 하여, 마음이 가는 곳에 기가 따른다는 것, 즉 심·신의 밀접한 관계를 알고 있었다는 것이다.

우리는 앞에서 물체(동전, 정동석 등)도 오오라를 내고 있음을 보았다. 그 현상은 물체들도 모두 전자기로 되어 있다는 것을 의미한다. 나는 '우주 만물이 전자기로 이루어져 있다' 는 연구 결과를 〈현대과학으로 본 기·역〉에서 피력한 바 있다.[38]

앞서 인용한 바 있는 현대과학자들의 견해들을 다시 한 번 보자.

천문학자 아더 에딘튼은, '우주의 재료는 정신' 이라고 하고, 토벤과 울프는 '의식과 에너지는 하나(Consciousness and energy are one)다. 물질이 에너지의 다른 면(面)이라고 한다면, 정신 또한 에너지의 다른 면이다. 즉 정신과 물질은 동일한 에너지의 다른 양태이다' 라고 하고, 또 B. 럿셀은, 정신과 물질은 두 개의 다른 존재가 아니라 같은 소재(stuff)로 구성된다는 것,

---

38) 김봉주, 《현대과학으로 본 氣·易》(충남대학교 출판부, 1999, 2003, 2007), pp. 174~189.

다시 벤토프는, '물질은 의식을 담고 있다' 혹은 '물질이 곧 의식이다'[39]라고 보고, 결론적으로, '지구는 거대한 의식체이며, 인류의 의식의 총합은 이 거대한 의식체의 작은 부분에 불과하다'[40]

위의 제 현상, 현대 전위(前衛) 과학자들의 견해, 범신론(만유내재신론)자들의 견해로부터, 우리는 다음과 같은 원리를 확인할 수 있다.

정신학 제1정리 : 정신과 물질은 불가분이다.(物神不可分原理)

이는 정신과 물질의 원리는 서로 다르되, 정신(신)과 물질(물)이 불가분(不可分)의 관계에 있다는 것을 명시하는 것이다. 때문에 벤토프는 '물질은 의식을 담고 있다. 지구는 매우 큰 의식체'[41]라고 말하였다. 바로 앞에서 토벤과 울프는 '정신과 물질은 동일한 에너지의 다른 양태이다' 라고 했으며, '영계를 보고 왔다' 는 스웨덴보르그는 '영계와 현세는 떼어낼 수 없는 동전의 앞뒤와 같은 것이다'[42]라고 했다. 이는 일체(一體)이성(二性)의 표리 관계에 있기 때문에, 옛 동양 현인들은 '일이이(一而二)' 라 했던 것이다. 이런 점에서 탄트라 현자들은, '정신은 곧 물질이고 물질은 곧 정신' 이라고 말했던 것이다.

이 제1정리를 달리, 보다 구체적으로 정리하면, '정신은 물질에 의하여 나타나며(현시되며), 물질은 정신에 의하여 실존한다(인지된다).' 고 할 수 있다.

정신은 물질을 통하여 그 존재가 드러나게 되며, 사물은 정신에 의하여

---

39) 벤토프, 전게서, p. 237. 물질은 자성으로 '기억' (holography) 기능을 갖고 있다. 베커/ 셀든 《생명과 전기》)은 "몇몇 연구자들은 초감각적 지각에 대한 유망한 근거로 전자기장을 주목하기 시작했다"(p. 336)고 하고 있다. 사실 우리의 마음은 전자기장에 영향을 주기 때문에 초상현상을 일으킨다. 참고 : 김봉주의 〈정신법칙〉(《심령과학도감》중).

40) 상게서, p. 239. 오늘날 과학자들의 학설은 지구가 하나의 유기체라는 쪽으로 기울고 있다는 것, 그리고 식물에도 의식(감정)이 있다는 것을 실험적으로 보여주는 〈박스터효과〉 등은 일찍이 동양에서의 범신론 혹은 불교에서의 '만물유정론' 을 과학적으로 입증하고 있다.

41) 이차크 벤토프, 류시화 외 역, 《우주심과 정신물리학》, p. 237.

42) E. 스웨덴보르그, 하재기 역, 《나는 영계를 보고 왔다》(서울 : 태종출판사, 1975), p. 25.

그 존재가 확인된다. 이 말은 '정신 없이는 물질이 실존할 수 없으며 물질 없이는 정신이 존재할 수 없음'을 의미한다. 우리의 정신은 사물을 인식하여 작용·변화·생성케 하는 반면, 사물은 그 생성·변화·작용으로 정신을 드러낸다. '만물은 신이다'라는 말은 이에서 나왔다고 본다. 심과 물을 분리하여 보는 것은 인간의 사고상의 편의에서 나온 것이다. 비유컨대 하나의 책에 있어서 외형과 내용이 있는 것과 같다. 내용을 알기 위하여서는 형식(글자)을 읽어야 되는 것처럼 심을 알기 위해서는 물(육체)의 외적 상황, 행동 작용 등을 보아야 한다. 마음이란, 책의 내용이 독립된 실체로 존재하지는 않지만 독립해 있는 것처럼 보이는 것과 같이, 육체와 독립해 있는 것처럼 보일 따름이다.

때문에, 우리는 정신과 물질은 불가분의 관계에 있다고 말하는 것이다. 정신만으로나 물질만의 존재란 성립할 수 없기 때문이다. 흔히 정신이 물질에 부수된 것으로 생각하나 오히려 그 역이다. 정신이 물질을 다스리며, 창조적으로 물질을 변형하는 데 반하여, 물질은 마음을 바꾸기는 어렵다. 그러므로 정신이 주(主)요, 물질이 종(從)이라 보는 것이다. 우리의 마음이 건강하면 몸이 건강하다. 몸은 마음을 따라간다. 마음이 부정적이거나 불안 우울하면 신체에 병이 오는 것을 우리는 흔히 본다. 때문에 생체에 있어서 정신이 기절하면 육체는 저절로 죽는다. 쇼크사(死)는 순전한 정신작용에 의한 육체의 사멸인 것이다.

인간은 고도의 양면체동물로서 물질적 영향, 즉 자연적 영향을 받는 동시에 정신적 영향을 받는다. 어느 모로, 인간은 심령(정신)과 물질간에 교통의 최고 통로라 할 수 있다. 다른 물체들보다 가령 식물이나 돌보다 가장 이상적인 통로이다. 인간이 하나의 물질체 덩어리인 동시에 영적인 한 channel(우주정신이나 개인 정신간의) 즉 소통의 기관이라 보는 것도 이러한 소이(所以)이다.

정신은 물질과 다르되 양자는 일체이며, 동일체의 양면임을 그림으로 보면 이러하다.

 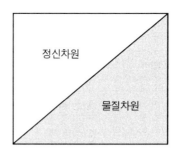

우리는 역(易)의 원리가 아니더라도 우주가 음양으로 이루어져 있음을 쉽게 알 수 있다. 낮과 밤, 요철(凹凸), 남녀, 상하, 선악, 물체·비물체 등이 그것이다. 학문전반을 둘로 나눈다면 자연히 물체를 다루는 물질과학분야와 비물질체를 다루는 정신과학분야가 된다. 물질과학분야에서는 물리학, 화학, 생물학, 광물학, 천문학, 지리학 등이 포함되며, 정신과학분야에는 심리학, 심령학(초심리학), 신학 등이 포함된다.

정신과학이 이렇듯 중요함에도 불구하고 종래까지 경시(輕視)되어 왔으며, 지금도 정신과학을 소홀히 하는 학자들이 많음은 정상이 아니다.

2. 정신학의 제2정리

1) 상념(想念, 생각)

정신은 무체, 무형, 불감적 실재이므로 유(有)이되 허(虛)이다. 허는 무(無)와는 다르다. 이 말은 정신이란 것이 있기는 분명 있으나 없는 것같이 보인다는 것이다. 설사 유심론자라 할지라도 마음이 물체처럼 확연히 존재함을 경험하는 사람은 드물다. 우리가 눈을 떴을 때(외적으로) 존재하는 것들은 물질세계요, 눈을 감았을 때(내적으로) 존재하는 것들은 정신세계이다. 그런데 정신의 내적세계는 순간적이거나 허상(虛像)으로 생각되어 별로 중요시하지 않는 경향이 있다. 상념이 중요함을 다음에서 점차 알게 될 것이다.

2) 상념의 현시

상념의 현시(顯示)는 상념의 강하기 즉 의식의 강도(强度)에 따라 다음과 같이 구분할 수 있다.

가. 상상(想像), 공상(空想)
나. 환상(幻想), 꿈(夢)
다. 유상(幽像) = 유체화(幽體化)
라. 실체화(물질화)

가. 상상

우리들이 현실에서 보통 눈을 감고 생각할 때 떠오르는 상이 상상이다. 이것은 정신이 동(動)할 때 가장 약하게 발현되는 상태이다. 즉 상념이 가장 약한 단계이다. 상상이 조리있거나 짧을 때 사람들은 상상이라 하고, 두서없고 길 때는 공상이라고 흔히 한다. 그러나 그 정도는 양자가 같다. 물론 상상할 때보다는 공상할 때 생명에너지가 더 소모되는 것은 사실이다.

정신적으로 볼 때 이들은 역시 존재임에는 틀림없으나, 사람들은 이 상상이나 공상을 아무것도 아닌 것(無)처럼 여기는데 이는 커다란 잘못이다. 상상이나 공상은 유(陽, 動)로서 현실창조의 시작이요 근본이다. 인류의 상상, 공상은 인간 지혜의 한계요, 장차 발전의 청사진이다. 어린이는 상상에 의해 자라나며 문학가는 상상에 의해 작품을 쓰며, 과학자는 상상에 의하여 발견·발명을 하게 되니, 상상이 어찌 경시될 일인가? 진실로 공(空), 즉 없는 것 같으면서도 엄연히 존재하는 것이 이 상상임을 우리는 알아야 한다. [정신학 제2정리 참조]

나. 환상

환상은 상상이나 공상보다는 상념(정신)이 강한 현시이다. 때문에 환상은 상상이나 공상 때보다 훨씬 명료하게 나타난다. 그것은 자기의 상념이 현재에 있어서 또는 과거의 어느 때에 강력했었던 까닭도 있거니와, 반면에 자기 몸이 대단히 약화되었을 때 일어난다. 그러므로 집념이 강했거나 염력이 강했거나 하면 환상이 보이거나 아니면 꿈으로 나타난다.

상상이나 공상은 표층의식(현재의식)이 크게 작용하며, 환상이나 꿈은 현재 의식이 약화되었거나 작용하지 않을 때 주로 나타난다. 그 때에는 심층의식(잠재의식)이 작용하는 면이 크다. 사실 꿈은 표층의식이 거의 약화되거나 아주 없을 때 일어나는데, 우리는 꿈의 강도(明瞭度)에도 크게 세 가지 상태를 말할 수가 있다.

① 가장 약한 꿈 : 이때의 꿈은 거의 상상이나 공상과 비슷하여 일단 일어났었다 하더라도 별로 기억에 새겨지지 못하여 금방 잊혀져 사라져 버린다. 우리들의 얕은 수면 중 꾸는 꿈이 대부분 이에 속한다. 백일몽도 이에 속한다. 자기는 꿈을 아니 꾼다고 생각하지만 실은 이 꿈은 약하기 때문에 기억에 별로 남지 않을 따름인 것이다.

② 강도가 중간 정도의 꿈 : 이러한 꿈은 잠에서 깨었을 때 거의 생각이 나며, 적어도 며칠, 또는 몇 개월 후에도 기억이 될 정도의 것이다.

③ 강도가 가장 큰 꿈 : 이 꿈은 대체로 총천연색으로도 나타나는데, 일명 영몽(靈夢)이라고도 한다. 이것은 수개월은 물론 수년간 기억에 남아 있는 것이다. 이 상태는 수면 중에서도 완전히 잠재의식상태, 아니면 초의식상태에서 이루어지는 것으로 믿어진다.

이러한 종류의 환상이나 꿈은 꽤 강도가 높기 때문에 오는 것으로, 명료도가 클 수밖에 없다. 여기서 강조해 두는 것은 환상이라고 해서 과학적으로 아무 가치가 없는 듯이 다루고 있는데 이는 크게 잘못된 생각으로, 이후의 심리학이나 정신의학에서는 이 환상에 대한 연구가 절실하다 하겠다.

다. 유상(幽像)

집념이나 신념이 강하면 염력에 의하여 어떤 상(像)을 유질(幽質)로써 성형(成形)할 수가 있다. 그 메카니즘은 아직 밝혀지지 않았으나 옛날부터 알려온 유령이니 귀신의 출현이라는 것들이 모두 이러한 상태로 나타난 것이다. 즉 어느 사람(산 사람이든 죽은 사람이든)의 염력이 강하면 이 유상이 현실적으로 나타나는 것이다. 유질의 강도에 따라 때로 보이기도 하고, 아니 보이기도 하며, 보통 보는 사람의 정신상태(능력)에 따라 동시동소(同時同所)에서도 보이는 사람, 아니 보이는 사람이 생겨난다.

현대과학은 이것을 하나의 환상으로 취급해 버리려고 하는데, 그것이 하나의 정신현상이라는 점에서 환상이라고 보아도 되겠으나 그 강도(상태)에 따라 다르므로 환상과 구별되어야 하며, 그러한 현상이 일어나는 것은 사실이다. 단지 우리가 주의할 점은 이 유상이 하나의 일시적 과정이지 결코 영구적 상태가 아니라는 것이다. 그러므로 이 유상이 유계라는 곳이 있어서 그 곳에서는 현세에서처럼 살아간다고 생각한다든지, 저승에서는 누구나 유체로서 현실에서의 상(모양)을 가지고 계속 살아가고 있다고 생각하는 것은 그릇된 생각이다.[43]

유질체는 언제나 잠정적인 것으로 개인의 사정에 따라 자기의 상념, 또는 타의 상념에 의하여 나타났다가 소멸될 따름이다. 마치 우리의 상상이나 공상이 일시적으로 일어났다 사그러지는 것과도 같다. 죽는 순간에 유체가 이탈하는 사진이 찍힌다면 그 때의 일시적인 현상이지(유상잎 현상처럼), 그러한 유체로서 사람이 살아간다는 것을 보이는 것은 결코 아니다.

이후 연구과제의 하나는 생명사(絲)라는 것에 대한 견해이다. 나는 생명사라는 것이 있다고 보지 않는다. 설사 생명사라는 것이 있다손치더라도

---

43) 福來友吉, 전게서. p. 151. 그의 말 참조 : "나는 유령의 존재를 믿지만 그것을 심령연구자들이 해석하듯이, 물질적 신체(에텔體)를 가지고 있어, 인간들처럼 사진기 앞에 서는 것은 아니라고 생각한다. 유령은 우리들의 염(念)처럼 그 자신으로서는 무념(無念), 무상(無想)으로서 신통력이기 때문에 사진기를 아니 가지고도 직접 건반 위에 작용하는 물상(物像)을 나타내는 것이라고 본다."

누가 그것을 끊으면 죽는 것이 아니라, 육체가 죽으면 생명사는 자동으로 끊어지는 것이라 생각된다.

라. 실체화(물질화)

상념이 매우 강하면 그것이 실체화(현실화)가 된다. 실체화가 되는 방법에는 세 가지를 들 수 있겠다.

① 집념이 강하면 자기 상상(생각)을 스스로의 능력과 방법에 의하여 그를 실현하는 방법이다. 인간이 달나라에 가고 싶은 집념이 있으면, 자기 지식, 지혜, 기술, 자원, 에너지 등을 총동원하여 무슨 방법을 쓰든 실현하는 방법이 그것이다.(현실적 방법)

② 자기의 집념 또는 소망이 강하면 타인의 정신에 감응되어 그것이 이루어지는 경우이다. 어떠한 물건, 애인, 지위를 갖고 싶다는 집념이 강하면, 주위의 정신이 감화하여 그러한 것을 이루어지도록 도와주는 경우이다. 이를 흔히 '신이 가져다주는 선물'이라고 하는데 신이 정신이라는 의미에서, 그러한 말이 맞는다고 본다.(반(半)현실적 방법)

③ 하나는 순전한 정신력에 의하여 직접적으로, 순간적으로 현실화하는 것이다. 예를 들면, 영의 물질화나 염사, 심령사진이나 순간이동 등이 그것이다. 예수가 물로 술을 만들었다든가, 빵 다섯 개와 물고기 두 마리를 가지고 수천 명에게 먹이고도 남았다든가, 태초에 사람을 흙으로 빚어 숨을 불어 넣어 만들었다든가 하는 것 등이 모두 그것이다. 이를 성경에서는 '말씀이 사람이 되다'라는 말로 축약하여 나타내고 있는데 정신이 물질화 되는 것을 의미한다.(초현실적인 방법)

이상이 모두 상념(염력)의 강도에 따른 영향 예들을 보인 것이다. 산(生)사람의 정신력에 의하여 어떤 염상을 사진건판에 감광시켜 나온 것이 염사이고, 죽은 사람 자신의 염력에 의해 사진건판에 감광되는 것이 심령사진이다.

구미 심령학자들의 통설은 '영계의 물질은 모두 사자(死者)의 정신적

산물'이라 하나 나의 생각으로는 영계에는 물질이란 것이 있지 않다고 본다. 오히려 제노바대학의 몰세리 교수의 설, 즉 '영계의 형상은 그 사자의 기억, 관념에 의하여 환기되는 것'이라 봄이 타당하다 하겠다.

3) 심령의 물질적 해석

그러면 영, 신$_2$은 어떻게 현현(물질적으로 현시) 되는가? 그 해답을 구하기 위하여 우리는 먼저 심령의 물질적 해석에 대하여 생각해 보기로 한다. 예부터의 영혼불멸설로부터 근대의 사후생명존속설의 주축을 이루는 사고방식은 영혼이 영묘한(희미한) 물체로 되어 있다는 것이다. 즉 눈으로는 보이지 않는 아주 희미한 어떤 체(體)로 되어 있다고 가정하여 어떤 생리학자들은 영혼의 무게까지 측정해 보려고, 임종하는 환자를 저울에 앉혀 보는 실험을 하여 몇 그램이라고 하였다. 그러나 그러한 관점으로서는 정신학의 진수를 파헤치지는 못할 것이다. 설사 임종의 순간을 찍은 사진에서 유체이탈의 상을 볼 수 있었다 하더라도 그것이 곧 '심령은 물질(物質)로 되어 있다'는 증거는 되지 못한다. 그것은 Phantom leaf effect(幽像 잎 효과)[44]가 보이듯이 일시적으로 존재하는 현상이지, 그 물질상이 영구적으로 존속되는 것은 아니다. 심령은 어디까지나 상적(想的) 존재이다. 즉 염(念)이다.

심령이 상념임을 증명하는 것이 염사(念寫, Thought-graphy)이다. 20세기의 위대한 심령학자인 일본의 후쿠라이(福來友吉 : 1871~1952) 박사의 실험 결과[45]는 이 사실을 잘 나타내 주고 있다. 염이 사진으로 찍힌다는 사실은 영혼, 더 나아가서 신$_2$가 사진으로 찍힐 수 있다는 강력한 증거이다.(이미 말한 바와 같이 영이나 신$_2$도 마음과 같이 무형적 성질의 것이므로)

이는 염이 실재라는 사실을 보여준다. 따라서 나는 정신학에서의 중요

---

44) 김봉주 저,《심령과학도감》(1982), p. 26 참조.
45) 福來友吉,《心靈と神秘世界》(1932) 참조.

한 또 하나의 원리를 정립한다.

정신학 제2정리 : 생각(想念)은 실재이다.(念卽實原理)

상념이 허(虛)이기는 하나, 실재(Entity) 즉 존재자(存在者)라는 것이다. 데카르트는 '나는 생각한다. 그러므로 존재한다'고 하였다. 마음의 세계에서는 일상 물질계와 접하고 있기 때문에, 사람들은 '생각'이 비실재, 비존재로 아무것도 아닌 허상처럼 생각하나 실로 '생각'(念)은 실재이다.' 환언하면 생각은 실물(현실물)과 똑 같이 존재한다는 말이다. 눈 앞에 있는 사람을 보고 있다가 눈을 감았을 때, 머릿속에 나타나는 상(像)은 허상이나 공상이 아니라 실상이라는 뜻이다. 그러므로 환상이든 몽상이든 모든 생각은 실재이다. 단지 강도에 따라 시공간적으로 달리 나타날 뿐이다.

불교의 이 핵심교리인 일체유심조 사상을 트집잡는 사람들은 모든 것이 마음에 달렸다고 할 때, 해골에 담긴 물을 시원한 옥정수라고 생각한다고 해서 '실제 옥정수가 되겠느냐, 존재가 사유에 따라(관념이) 바뀌는 것이지 그 실체가 바뀌는 게 아니다'라고 반박한다. 사실 해골물을 옥정수라고 생각한다고 해서, 그 해골물이 옥정수로 물질변이를 하는 것은 아니지만, 생각(상념)이 그처럼 더럽고 불결하다고(실제로는 더럽고 불결할 게 아닌데) 인식하면, 그 순간 그 실체가 더러운 것임과 똑 같이 되는 것이다(실재화 된다). 이를 나는 이렇게 표현한다.

'더럽지 않은 물이 더럽다고 생각(상념)하면 그 물이 더러운 것으로 바뀐다.' 물리적으로는 모순된 말이지만 정신적으로는 사실이다. 그것을 확인시키는 것이 정신학 제2정리이다.

여기서 우리는 다시 한 번 앞 제I장에서 보인 일본의 후쿠라이 박사가 저서 《심령과 신비세계》에서, '관념(생각)은 단순한 표상(Vorstellung)이 아니라 그 자체가 취화은(臭化銀)을 환원하는 작용을 가진 일종의 에너지이다. 관념은 단순한 에너지가 아니라 에너지가 작용하는 공간을 규정하는 역할을 한다.'고 한 견해와, 하루야마가 《뇌내혁명》에서 '사람들은 흔히 생각만 하는 것은 타(他 ; 특히 물질)에 영향을 미치지 않는다고 믿는다. 그러나 뇌가 활동하고 판단하는 사고의 결과물은 모두 물질화되어 화학반응을 일으킨다.'고 한 말이나, 마이클 텔보트가 《홀로그램 우주》에서 '의식은 좀 더 미묘한 형태의 물질이다.'라고 한 말을 되새겨 볼 것이다.

서양의 누군가가 'Thoughts are things'라는 말을 했다. '사념(思念)은 생물이다'라고 본 후쿠라이(福來友吉) 박사의 견해도 이에서 나왔다고 본다. 그러나 '사념은 생물'이라기보다 '실물' 즉 '실재물'이라 하는 편이 적절하겠다. 현재로는 위 정리가 하나의 가설쯤으로 생각되는지 모르나, 사실 이것은 이미 정해진 자연의 진리이다. 흔히들 '생각'이란 것이 비물리적이고 순간적(일시적)이기 때문에 비존재인 듯이 생각한다. 원래 마음이 무념일 때는 공(空)이라 빈 녹음테이프와 같다. 이 공테이프(白紙)에 생각(상념)이 접하면 그 곳에 무엇인가가 녹음되는 것과 같다. 그 내용이 실생활의 외부적 경험에서 오는 것이 아니라 할지라도, 또 설사 어떤 공상이라 할지라도 녹음되어지기는 마찬가지이다.

《홀로그램 우주》의 저자 마이클 텔보트는 말하고 있다. '홀로그램식으로 작용하는 두뇌 속에서는 기억된 사물의 이미지는 사물 그 자체와 동일한 효과를 감각에 미칠 수 있다. 애인과 키스하는 장면을 상상하면 심장이 뛰고, 공포의 장면을 떠 올리면 손에 땀이 배는 것을 경험한 사람이라면 생각이 신체의 생리에도 동일한 강도의 효과를 미침을 알 수 있다.'

그러므로 생각(상념)은 현실과 똑같은 것이다. 예를 들어 여기에 어떤 책 한 권이 있는 것을 본 것이나, 실제로는 여기에 없는 어떤 사물을 하나 가상하면 마음 안에 존재케 되는 것은 실물과 동일한 것이다. 즉 객관적 상황은 다르나 주관적 실재성은 동일한 것이다. 다시 말해서 정신상의 존재가치는 똑같은 것이다. 사람들이 실제로 슬픈 경험을 당하는 것이나, 영화감상으로 느끼는 것이나, 소설을 읽고 감동하는 것이나, 아니면 아무 일도 없는데 슬프다고 생각만 해도 슬퍼지는 것이나, 모두 다 그 존재성에는 정도의 차는 있으되 실재성은 다를 바가 없는 것이다. 우리가 기쁘다고 생각하면 기뻐지고, 슬프다고 생각하면 슬퍼지며, 맛있는 음식도 '맛없다'

고 생각하면 맛이 없고, 맛없는 것도 '맛있다' 고 생각하면 실제로 맛이 있는 것도 그 때문이다. 그것은 생각(想念)이 존재(存在=實在, Entity)이기 때문이다.

그것은 또, 사랑하는 사람과 포옹하는 장면을 상상할 때 심장이 뛰는 것을, 혹은 매우 공포스러운 기억을 떠올리면 손에 땀이 배어나는 것을 느껴본 사람이라면 누구나 직접 경험하는 일이지만, 신체의 생리에도 동일한 강도의 효과를 미친다. 얼핏 생각하면 신체가 상상한 사건과 실제의 사건을 항상 구분해내지는 못한다는 사실이 의아하게 느껴질 수 있다. 그러나 홀로그램 모델을 염두에 둔다면, 즉 실제건 상상이건 간에 '모든' 경험은 홀로그램 방식으로 구성된 공통의 파형언어로 해석될 수 있다는 사실을 상기한다면 상황은 훨씬 더 명확해진다. 액터버그가 말하듯이, 우리가 심상을 홀로그램 방식으로 인식한다면 심상이 신체의 기능에 전능한 힘을 미친다는 것은 당연한 일이다. 심상, 행동방식, 그리고 생리적 수반효과는 동일한 현상의 한 단일화된 측면들이다.

물리학자 봄은 온 우주가 비롯되는 심층적, 초공간적 존재차원인 감추어진 질서라는 개념을 통해서 다음과 같은 자신의 견해를 비치고 있다. "모든 행위는 감추어진 질서 속의 어떤 의도에서 비롯된다. 상상은 이미 어떤 형체의 창조다. 그것은 이미 의도를 지니고 있고, 그것을 실현하는 데 필요한 모든 움직임의 씨앗을 품고 있다. 그리고 상상력은 신체 등에 영향을 미쳐서 감추어진 질서의 미묘한 차원으로부터 창조가 일어나, 드러난 질서 속으로 펼쳐질 때까지 자신이 그 속을 관통하여 흐르게 한다." 달리 말하면, 감추어진 질서 속에서는 두뇌 자체가 그런 것과 마찬가지로 상상과 현실이 본질적으로 구분 불가능하며, 그러므로 마음 속에 상상된 이미지가 결국 신체상의 현실로 나타난다는 것은 별로 놀라운 일이 아니다.[46]

그러므로 정신면에서는 객관적 사실과는 상관없이 자기의 상념에 따라

---

46) 텔보트, 《홀로그램 우주》, pp. 124~25.

모든 것은 실재하는 것이다. 예를 들어 흑을 백이라 생각하면 백이 되고, 악을 선이라 생각하면 선이 되는 것이다. 앞 절에서 말한 정신의 공리에서 '정신의 원리는 물리의 원리와는 전혀 다르다' 는 말은, 물질면에서는 정(正)은 언제나 정이고 부(否)는 언제나 부이나, 정신면에서는 그 법칙이 전혀 적용되지 않음을 의미한다.

3. 정신학의 제3정리

1) 상념의 시공 초월성

정신학 제3정리 : 상념은 시공간을 초월한다(念超越時空原理)

상념은 시공을 초월한다는 말은 상념이 시간적으로는 빛(광자)보다 빠를 수 있으며, 공간적으로는 산하암벽(山河岩壁)을 투과(透過)할 뿐만 아니라 달나라와 같은 먼 별들에까지 텔레파시가 통할 수 있다는 것이다. 실제 1959년 미해군 잠수함 노틸러스호가 해중에서 텔레파시를 실험했다 하며, 미국의 우주선 아폴로 14호의 기장 에드가 미첼 대령은 달에서 지상으로 텔레파시 실험을 했다[47]고 한다.

염력은 시간도 공간도 관계가 없다. 예를 들면, 18세기의 과학자로서 영계를 갔다 왔다 한 스웨덴보르그(1688~1772)가 고테버그의 친구 만찬회 석상에서 420km 떨어진 스톡홀름의 대화재를 투시했을 때, 직관적으로 상념에 접한 것이지 그 먼 거리를 걸어서라든가, 산하로 막힌 데를 새처럼 날아서 갔다 와 말해 준 것이 아니라는 것이다. 유리 겔러나 일본의 나가오 여사가 가려진 옆 방 공간 내에 있는 시료(試料)를 투시해서 알아맞추는 것은 염이 공간을 초월한 것이다. 수 백년 전의 인격으로 돌아가거나,

---

47) 하버드 그린하우스, 김봉주 역,《심령과학 입문》(서울 : 송산출판사, 1986), p. 239.

에드가 케이지(1877~1945) 같은 영언자들이 장차 당해 올 일을 예언한다거나 하는 일은 시공간을 뛰어 넘는 것이다.

뒤 장(章) 염사에서 보여지지만, 세계 최초의 염사(念寫) 발견자 후쿠라이 박사의 실험기 중 몇 가지를 여기에 보인다. 염사의 원리는 물리와는 근본적으로 다르다고 전제하고 다음과 같이 말하였다.

가. 염(念)은 공간을 초월하므로 하나의 염상(念想)을 각기 떨어져 있는 두 개의 건판에 각각 절반씩 동시에 염사할 수 있다.

나. 염은 쌓아놓은 다수의 건판 중 상·하의 다른 건판에 영향 줌이 없이 목표한 어느 하나의 건판에만 염사시킬 수 있다.

다. 염은 공간을 초월하므로 지금 염사한 것이 며칠 후에 나타나기도 한다.

때문에 무속인이나 영언자들은 인간 세상의 과거도 보고 미래도 본다.

여기서 정신이 시공을 초월한다고 하니, 혹자는 그런 때 정신은 신물불가분인데 어떻게 신2이 물체에서 분리되어 나갈 수 있는가 의심할 것이다. 공간을 초월한다는 말은 염력파가 전파되는 공간이 어떤 물질들이 얼마나 많이 가로놓여 있건, 얼마나 멀리 있건 전파해 나간다는 뜻이다.

이때의 염파는 우주 안이 현대과학에서 말하는 양자질(量子質)로 가득 채워져 있으므로 그 파(정보파)가 양자질 바다를 지나가는 것이라고 보면 된다.

2) 식성(識性)과 뇌수(腦髓)

후쿠라이(福來) 박사는 '현대 심리학자들은 의식이 뇌수 안에 있다고 주장한다. 그러나 뇌수 안에 식성이 있는 것이 아니라 의식 안에 뇌수가 있는 것이다. 식성은 공대(空大)하여 해수(海水)와 같고, 일체만법은 해면(海綿)과 같아 그 안에 스며져 있다. 그러므로 만법의 하나인 뇌수는 식성 안에 스며져 있는 셈이다. 나의 식성론은 이와 같아 심리학자들의 그것과는 정반대이다.'[48]라고 말하였다.

　여기서 주목할 것은 식성은 표층의식에도, 심층의식에도 있다는 사실이다. 이 두 의식을 불교에서는 또 아래와 같이 비유하는 것으로 본다.

의식의 바다

파도(개인과 표층의식)
마음(心)

영(靈 : 심층의식)

신₁(神 : 초의식)

　각 파도들은 중생으로, 파도가 일면 사는 것이고 파도가 지면 죽어서 수면 아래 영계로 가는 것이고, 신₁은 바다의 심연(深淵)에 있다. 이 모두는 동일한 의식계에 속해 있다.

　한편, 우리는 철학자 베르그송의 다음 말(1929)도 참고할 것이다. '사물의 의식은 나의 안에 있는 것이 아니라 사물의 안에 있다. 그러므로 주관적이 아니다. 현상과 사물과의 관계는 외관과 실물과의 관계가 아니라, 일부와 전체와의 관계이다. 그러므로 그것은 상대적(객관적)이 아니다.'[49]

　이 말들은 식성(意識)과 사물과의 관계뿐 아니라 마음과 영의 관계를 이해하는 데 도움이 될 것이다.

---

48) 福來友吉,《심령과 신비세계》, p. 278.
49) Eergson, Matter and Memory(Macmillan, 1929), p. 306.

III. 정신의 법칙[50]

1. 정신 제1법칙(기본법칙)

정신에서 가장 중요한 법칙은 이 법칙이다.

정신 제1법칙 : 생각(염)하면 생각(염)하는 대로 이루어진다(念則成의 法則)

1) 생각하면 생각하는 대로 이루어진다(念則成則)

이 법칙은 정신의 기본법칙이다. 우리는 생각(상념)이 실재라는 것을 정신학 제2정리에서 보았다. 생각(상념)은 실제이므로 인식하는 것은 곧 현실이 된다. '침이 더럽다' 고 또는 '어떤 약이 명약이다' 라고 생각하면 그것이 곧 사실이 된다. 이러한 현상은 '즉시실현' 이라 하여 우리 일상생활에서 흔히 경험하는 바이며, 이 법칙은 최면시술에서 잘 입증되고 있다. 후쿠라이(福來) 박사는 많은 실험 끝에 '염하면 염하는 대로 환화상(幻化想)이 나타난다' 는 명제는 심령현상의 기본원리라고 말하였다.[51] 이 법칙은 인간의 생시나 사후의 정신계 전반에 적용되는 가장 주요한 법칙으로 정신의 기본법칙이 된다.

앞의 '정신학 제2정리 : 상념은 실재이다' 와 '정신의 기본법칙인 제1법칙 : 생각하면 생각대로 된다' 는 법칙을 사람들은 모르고, 염(상념)에 의해 이루어지는 것을 '기적' 이니, '경이(驚異)니', '마력' 이니 하는데 그것은 특수한 현상이 아니라, 정신의 가장 보편적인 법칙의 적용 예이다. 이 정신법칙은 물리에서의 운동의 법칙, 전자기의 법칙 등 제 법칙과 똑같이 가

---

50) 보다 이해하려면, 김봉주, 《心靈科學圖鑑》(창학사, 1982)를 보라.
51) 후쿠라이, 《심령과 신비세계》 p. 247.

장 중요한 정신(상념)의 법칙이다.[52] 원한, 저주, 기도의 힘으로 이루는 것도 이 '상념(생각)한 대로 되는 법칙'이 활용된 것이다. 그러므로 상념(생각)이 강하면 불가능이란 없다.

신념 즉 믿음(인식)에 의해 병이 치유되고 어떤 일이 성사되는 수많은 예들을 생각해 보라. 이 법칙은 다음과 같이 분류된다.

① 즉시 이루어짐
생각(인식)하면 즉시 그대로 이루어진다.
예 : 대부분의 인지효과 즉 플라시보, 종교적 치유(예수 등이 즉석에서 낫게 한 일), 종교적 깨달음, 학문적 깨달음, 최면상태의 사람 등.
최면상태의 사람은 가령 시술자가 새끼를 보이며 '뱀'이라고 하면(피술자는) 실제 뱀으로 알고 무서워하며, 구두짝을 가지고 '전화기'라고 하면 그것으로 전화를 걸며, 막대기를 보이며 '총'이라고 하면 총이 되어 사람에게 겨눈다. 염사가 즉석에서 찍혀진다거나, 겔라효과가 즉석에서 이루어지는 것 등이 그것이다.

② 생각한 것이 몇 시간 혹은 며칠 후에 이루어짐
염력을 가하면 서서히 이루어지는 경우
예 : 환자의 병이 기도한 며칠 후에 나음, 염사나 심령사진이 나중에 현상되어 나옴, 박스터효과, 소원성취가 서서히 이루어짐.
인간이 살아 나가는 데 있어 가장 중요한 이 법칙, 즉 부귀공명수복을 누리기 위하여, 불치의 병을 치료하기 위하여, 기타 매사에 성공하기 위하여는 이 법칙을 필히 그리고 잘 활용해야 한다.

---

52) 미국과학진흥협회에서 초심리학을 제외시켜야 한다는 주장을 한 J. A. Wheeler(텍사스대학 이론물리학센터소장)는 '진정한 과학인 모든 과학은 수백의 확고한 결과를 갖고 있는데, 초심리학에 관하여는 연구에 의해 단 한 가지도 밝혀지지 않고 있다.' 했다. 그런 말을 하는 학자들은 정신의 법칙에 전혀 무뢰한으로 정신의 원리를 이해한다면 전혀 잘못된 말이다.

2) 신념의 성사

"인생은 자기의 마음이 생각하고
그리는 대로 이루어진다"를 인생의
황금법칙이라고 설파한 Joseph Nurphy
박사(1898~1981)

"생각하면 생각하는 대로 된다"는 정신분석 연구분야에 세계적인 권위
가로 잘 알려진 머피(Joseph Murphy) 박사의 말이다. 우리는 주위로부터
부정적인 말을 했을 때 "말이 씨가 된다"는 충고를 들은 경험들이 있을 것
이다.

그는 미국의 항공기 엔지니어 출신이었다. 그 후 정신세계 분야에 깊은
관심을 가지고 학문과 연구를 해 왔다. 그가 발견한 이론인 '머피의 법칙'
은 "인간이 지닌 잠재의식의 힘을 우리의 깊은 사고 속에 각인시키고 그
것을 지속적으로 발전시켜 나간다면 무엇이든지 이룰 수 있다"는 내용이
다. 이러한 성취의 원리는 심리학의 대가인 프로이트 박사 역시 같은 주장
을 하고 있다. 프로이트는 "우리가 인식할 수 있는 의식이라는 영역의 아
래에는 우리가 의식적으로는 전혀 느낄 수 없지만, 인간의 사고와 행동을
지배하고 있는 '무의식'이라는 영역이 존재한다고 한다. 이 무의식의 영
역을 지속적으로 자기가 원하는 것을 강렬하게 염원하면 그 원하는 것은
반드시 이루어지게 된다고 주장하고 있다. 여기서의 의식과 무의식을 바
다에 떠있는 큰 빙하에 비유하자면 수면 위로 올라와 있는 부분을 의식세
계라고 한다. 그리고 물속에 있는 보이지 않는 부분을 '무의식 세계'라고
부르는데 이 보이지 않는 무의식 세계 부분이 사실상 대부분 우리의 정신
세계를 주관하고 있다"고 한다.

머피 박사는 우리 인간의 무의식 부분에 속하는 잠재능력을 잘만 활용
한다면 자기가 원하는 것은 무엇이든지 이룰 수 있다고 했다. 그러면 이러
한 머피법칙의 중요한 핵심이론지에 대해서 좀 더 알아보자.

머피 박사는 '좋은 일을 생각하면 좋은 일이 생기고, 나쁜 일을 생각하면 나쁜 일이 생긴다' 고 하고 있다. 인간은 크게 긍정적인 사고(思考)자와 부정적인 사고자로 나뉜다. 필자가 많은 성공자들을 만나 보면서 느낀 공통점은 그들은 매우 긍정적인 사고를 가진 사람들이라는 점이다. 또한 그들은 자기가 원하는 것에 집중을 하는 경향이 강하며, 강한 신념을 갖고 있어 '자기가 믿는 것은 반드시 이루어지고 만다' 는 신념을 갖고 있다. 우리가 갖고 있는 신념이란 대개 자기가 품은 생각을 오래도록 깊게 하고 그것을 지속적으로 유지하게 되면 현재의 의식에서 무의식의 세계로 이동을 하게 된다. 이러한 무의식에 전달된 의식은 나중에는 보이지 않는 엄청난 잠재된 힘을 발휘하게 하는 능력으로 변하는 것이 바로 숨은 잠재능력의 힘이라 할 수 있다.

3) 신념의 기적

Sharon Dennis Wyeth의 저서 《건강과 재정》(Wing's of Freedom) :
1950년대에 클로퍼 박사는 '크레비오젠' 이라는 항암제를 개발하였다. 그런데 이 약은 암에 잘 듣는 약이라고 전국적인 관심을 모으고 있었지만 사실은 효과가 없는 약이었다.

박사의 환자 가운데 비행사가 있었다. 그는 악성 임파종 환자였다. 호흡 곤란이어서 산소마스크를 쓰고 있었고, 가슴에 물이 차서 2, 3일마다 물을 빼줘야 했다. 환자는 클로퍼 박사에게 '크레비오젠' 을 투여해 달라고 애원했다. 그의 간청대로 약을 투여하자 극적인 효과가 나타났다.

단 시간 내에 종양의 크기가 줄어들었고 마침내 환자는 비행사로서 정상적인 생활로 돌아갈 수 있게 되었다. 그러나 크레비오젠의 약효를 부정하는 보고가 FDA와 미국의학협회에서 나오자 놀랍게도 환자의 증상이 다시 악화되기 시작했다. 클로퍼 박사는 특수한 상황임을 알고 프라시보(위약효과)를 사용하기로 했다. 즉 증류수를 주사하면서 지금까지 써왔던 크레비오젠보다 두 배의 효과가 있는 새 항암제라고 말해 주었다. 증류수를 투여했음에도 불구하고 그 효과는 놀라운 것이었다. 환자의 증상은 다시 호전되기 시작, 종양은 줄어들었고, 흉수도 없어져서 마침내는 다시 퇴원해 정상생활로 돌아갔다. 환자의 믿음이 약물의 실제적인 효과와는 아무런 상관도 없이 병을 회복시키고 있었다.

그러나 마침내 크레비오젠의 항암 효과에 대해 권위 있는 미국의학협회와 FDA가 결정적으로 '효과 전혀 없음'을 발표했다. 수일 후 환자의 상태는 다시 악화되어 사망해 버렸다.

4) 믿음

믿음이란 모든 시대를 통해 우리의 생활과 사상에 큰 역할을 해 왔다. 뿐만 아니라 그것은 세계 어느 곳에서나 종교의 중심적인 힘이 되고 있다. 믿음은 자기 자신을 개선하고 지배하는 데 이용하지만, 그것은 또한 정신의 법칙을 모르는 타인을 지배하고 조종하는 데 쓰일 수도 있다.

아프리카의 성자 앨버트 슈바이처(Albert Schweitzer) 박사가 토인의 타부(taboo ; 금기/禁忌)에 관하여 놀랄 만한 보고를 하였다.

토인들 사이에는, 아이들이 태어날 때 그 아버지는 술을 마시고 황홀한 상태가 되어, 입에서 말이 나오는 대로 새로 태어나는 아이의 타부를 말한다고 한다. 예를 들어, '왼쪽 어깨' 하면, 그 아이의 왼쪽 어깨가 타부가 되고, 그곳을 얻어맞으면 죽는다고 믿는다. '바나나' 하고 말하면, 그 애는 커서도 바나나를 먹으면 죽는다고 믿게 된다. 바나나 요리를 하고 냄비를 씻지 않은 채, 다른 요리를 그 냄비에 하여 어느 토인이 먹었다. 그 토인은 뒤에 그 냄비로 바나나 요리를 했다는 것을 알게 되었다. 그 순간 토인은 새파랗게 질리며 경련을 일으켜 치료한 보람도 없이 죽어 버렸다. 물론 바나나 요리를 먹고 죽을 사람은 없다. 그 토인에게 그 냄비에 바나나가 붙어 있었다는 것이 알려지지 않았었다면 아무렇지도 않았을 것이다.

만병은 눈병에서 온다는 의사 [다니구치 마사하루(谷口雅春), 《生命의

實相》-제1권- 총설편 pp. 172~193] :

고베(神戶)의 모도마치에 니시무라(西村龜太郞)라는 안과 의학박사가 있다. 이 의사는 만병 일원론자(萬病一元論者)로서 어떤 병이라도 일종의 안질(각막표층염=角膜表層炎)에서 온다는 것을 주장하며, 자신도 실제로 그렇게 믿고 있었던 것이다. 그러므로 심장병 환자가 오건 만성 위장병 환자가 오건 신경통으로 찾아오건 어떤 환자에게도, "당신은 심장병이 아니오. 안질이야." 아니면 "당신은 위장이 나쁜 게 아니라 안질이오."라고 단호히 선언하는 것이었다. 실제로 의사 자신도 그렇게 믿고 선언하는 것이니까 하는 말이 확신에 차고 권위가 있었다.

그리하여 위장이 나쁘건 좌골신경통이건, 눈 위에 뜨거운 붕대를 덮어 찜질을 하고 그 위에 다시 붕대로 감아 30분 정도 방치해 두는 것이다. 환자는 지금까지 위 그 자체가 병이라든가 심장 자체에 고장이라고 생각하고 있었던 것이 잘못이며, 상상도 하지 않았던 안질이었다는 관념이 주어진 채, 30분 동안이나 눈에 붕대를 감고 암흑 속을 견뎌야 하는 것이다. 눈은 약품과 찜질 덕분으로 그 동안에 정말 안질이었던 것처럼 충혈되어, 어쩐지 자신이 정말 안질이었으며 심장이나 위장이 나빴던 것은 아니었구나―하는 관념이 더욱 더 깊어져 가는 것이다.

장기간의 만성병이 단시일 내에, 그 중에는 한 번의 치료로 나아 버린 사람도 있는 것이다. 이것을 니시무라 박사는 만병은 일원(一元)이며 모든 것은 안질에서 온다고 말하고 있지만, 나의 생각으로는 지금까지 환자가 불치의 병이라고 믿고 있었던 병을 전혀 부정해 버리고, "그런 병은 존재하지 않는다. 당신은 안질이다. 그 안질은 지금 이렇게 하면 낫는다."고 해서 지금까지 환부였다고 생각하고 있던 곳과는 전혀 다른 부분을 뜨거운 찜질로 자극해 버렸기 때문에 그때까지의 불치병이라는 관념이 제거되어 버려서 불치병도 곧잘 낫고 마는 것이다.

나는 이와 같은 치료법을 '병명 전환 요법'이라 이름 붙이고 있다. 병명 곧 말을 바꾸었기 때문에 질병 자체도 변하여 병이 낫는 것이며, 이것도 '말의 힘'을 응용한 한 부문에 들어가는 것이다.

무독물이 정신력으로 독성을 나타낸다 [프라마리온 저, 《미지의 세계》] :

이것은 프랑스 과학계의 원로급 천문학자이자 동시에 심령학자로서도 유명한 프라마리온 박사의 대 저서인 《미지의 세계》 속에 있는 것이다.

어느 젊은 부인이 살충제를 마시고 자살을 기도했다. 그리하여 자리에 누운 채 절명하고 말았다. 사인을 확인하기 위하여 시체가 해부되었지만, 위 속에 남아 있는 살충제를 분석해 보아도 인체에는 전혀 해가 없는 물질임이 밝혀졌다. 이 부인은 자신이 독약을 마셨다는 신념에 의해 그대로 죽은 것이다.

또한 약이 아닌 다른 물질이라 하더라도 그것에 닿으면 죽는다고 믿고 있으면 그 신념으로 인간은 죽어 버리는 것이다. 이 프라마리온 박사의 친구 아버지인 외과전문 의사가 어느 날 담석증 환자의 수술을 하게 되어 개복할 곳의 피부를 알콜로 차갑도록 문지르고 있자니까 아직 메스도 대지 않았는데 환자는 알콜의 냉기가 메스일 것이라고 잘못 알고 그 공포 때문에 숨이 끊기고 말았다.

또한 저자는 저서 속에서 다음과 같은 실례도 들고 있다.

언젠가 사형수를 실험에 이용했다. 먼저 그 사나이의 눈을 가리고 신체를 의자에다 꽁꽁 묶어놓은 다음, "자아 이제부터 너의 목에서 한 방울씩 피가 떨어지게 하여 서서히 전신의 피를 짜낼 테다." 하고 선고했다. 이런 선언을 하여 공포의 암시를 준 후 실험자는 죄수의 목에 바늘 끝으로 작은 상처를 내고 흡사 국소(局所)에서 피가 떨어지기라도 하듯 그의 목에서 물이 바닥 위에 한 방울씩 소리를 내며 떨어지도록 장치를 해둔 것이다.

6분쯤 경과한 후에, "자아 이제 네 전신의 혈액 중 3분의 2는 없어졌다." 하고 암시를 주니까 사형수는 그것을 믿고 두려운 나머지 절명해 버렸다.

또한 다음 사실은 영국의 어느 대학에서 일어난 사건이다.

그 대학의 수위는 학생들로부터 많은 미움을 사고 있었다. 어느 날 장난이 심한 젊은 학생들이 그를 사로잡아 방에다 감금하고 모의재판이라고 하여 학생들은 그를 피고로 하여 교대로 일어서서 그의 죄상을 지적하고 드디어 그에게 사형을 선고했다. 그리하여 그들은 방 중앙에다 목재를 늘

어놓고 번쩍거리는 도끼를 갖다 놓은 다음 그에게 3분간의 여유를 주어 참회(慘悔)를 시키고 천국으로 갈 준비를 시켰다.

드디어 3분이 경과하자 학생들은 떨고 있는 수위의 눈을 가리고 무리하게 꿇어앉힌 다음 나무 위에 머리를 얹게 하고 한 학생이 뒤로 돌아가서 흡사 그 번쩍이는 도끼를 사용하듯 찬물에 적신 수건으로 그의 목을 쳤다. 그 순간 수위는 꿈틀했다. 일동은 크게 한바탕 웃고 나서, "이제 용서할 테니까 일어서시오." 하고 명령을 내렸지만 이미 수위는 축 늘어져 움직이지 않았다. 학생들이 이상하게 생각하여 흔들어 보았더니 수위는 정말 죽어 있었다. 그는 목을 젖은 수건으로 친 순간 틀림없이 도끼로 목을 쳐서 자신은 죽었다는 것을 믿고 있었기 때문에 그 신념에 의해 죽어 버린 것이다.

감각에 수반되는 연상(聯想 : 상념) 암시

인간이란 감각을 가졌는 바, 그 감각에 부수되어 일어나는 연상작용에 의해 인간의 신념은 현저하게 동요하며, 그 신념에 의해 인간은 죽기도 하고 살기도 한다는 것이다.

예를 들면, 젊은 부인이 살충제를 독약으로 잘못 알고 먹었을 때의 목의 감각, 담석증 환자의 시술 전에 알콜로 피부를 차갑게 문질렀을 때의 피부면의 자극, 사형수의 목에 토닥토닥 흡사 핏방울이 떨어지듯 하는 미적지근한 물의 촉감—떨어지는 피가 아닌가 하고 생각될 만큼의 물방울 소리, 수위가 젖은 수건으로 목을 맞았을 때의 오싹해지는 차가움, 이와 같은 감각이 전한 것은 모두가 위험하지도 않은 하찮은 일들이었지만, 그 감각을 일으키기 전에 말이나 행동으로 어느 경우나 대대적인 예비적 암시가 주어져 있었던 것이다.

이 모든 감각들은 그 감각의 의의를 과장하여 떠벌려 놓고 너의 목에 이와 같은 감각이 일어났을 때는 너는 이런 병에 걸린 거라든가, 이런 감각이 피부에 생길 때는 너는 이미 도끼를 맞아 죽어 있다든가 하여 사전에 알려 놓고 그런 감각을 일정한 부위(部位)에 일어나도록 하면 틀림없이 예고해 둔대로 병을 일으키거나 죽기도 하는 것이다.

일정한 부위에 주어지는 감각이라는 것은 우리의 정신을 잠깐이지만, 그 순간의 장소 또는 하나의 상황에 집중시키는 것이다. 요컨대 일정한 장소에 한정된 감각에 유발되어 정신이 일시적으로 통일되어 가는 것이다. 그 정신 통일의 찰나에 사전에 예비적으로 주어져 있던 '이런 느낌이 피부에 일어나면 너는 이렇게 된다!'는 암시적 효과를 나타내어 그대로 죽음 또는 증상이 육체에 나타나는 것이다.

형태가 없는 질병에 형태를 부여하는 의사 [다니구치, 제1장 〈생장의 집〉의 초약물학, pp. 29~33] :

흔히들 의사는 환자를 진찰하고 맥박을 살피며 청진기로 환자의 내장 상태를 진찰한다. 그러나 그 질병이 깊이 진행하고 있지 않는 한 그 질병은 일정한 형태를 갖추지 못하고 있으며, 무슨 병인지 의사 자신도 모를 막연한 징조가 있을 뿐이다.

여기에 의사가 진단을 하여 일정한 명칭을 붙이면 대개는 얼마 후에 용태가 분명한 형태를 나타내어 붙여진 명칭 그대로의 병으로 발전하는 것이다. 이것은 말의 힘이다. 천지가 혼돈(混沌)하여 아직 형태가 없을 때 신이 '빛이 있어라' 하고 말씀하였더니 빛이 나타난 것과 마찬가지로, 징조가 막연하여 아직 일정한 형태가 없을 때 의사가 '무슨 병'이라고 선언하면 그 말이 씨앗이 되어 2~3일만 지나면 지금까지 막연히, 분명치 못했던 증상이 지적된 그대로의 형태로 굳어져 가는 것이다.

생리적 상태는 암시(생각)에 의해 감염된다 [《생명의 실상》 제2장 무애자재로운 '생명의 본성'을 발휘하라, pp. 68~69] :

정신적 감염에 의해 하품이라는 생리작용이 감염되거나, 남의 눈물을 보고 자신도 모르게 눈물이 나거나, 남이 먹는 것을 보고 군침이 도는 이런 사실들은 누구나 알고 있는 사실이다.

이것을 보면 우리의 마음 상태가 어떻게 생리작용에 영향을 미치는가를 생각해 보지 않아도 알 수가 있다. 눈물을 마음 속으로 그리면 침이 나오며, 하품을 마음 속으로 그리면 하품이 나게 마련이므로 질병을 마음 속으로 그리면 질병이 나타나는 것은 당연한 일이다. 그러므로 우리는 가능한 한 마음 속으로 건강을 그려서 질병을 마음 속에 그리지 않도록 해야 한다.

5) 정신력의 마력

1945년 1월, 컬럼비아 의과대학은 잠재의식 연구와 마음과 몸의 관계를 연구하기 위해 미국에서 처음으로 정신분석학과와 정신치료학과를 개설했다. 그 자리에 모인 사람들이 기억하지 못하는 사실을 나는 분명히 기억하고 있다. 몇 년 전에 스위스 지리학자 Heim 박사가 암시로 사마귀를 없앴으며, 스위스 전문의 Block 교수도 심리요법과 암시로 사마귀를 없앴다는 사실이 신문과 의학전문 잡지들에 소개되었던 것이다.

당시 칼츠 박사가 『캐나다의학협회저널』(Canadian Medical Association Journal)에 발표한 논문에 이런 내용이 있다.(노만 V. 피일, 전민식 역,《정신력의 마력》(서울 : 범우사, 1987), p. 47)

세계 각국에서 사마귀를 없애기 위한 주술들이 행해지고 있다. 거미줄로 사마귀를 덮는 것에서부터 초승달이 뜰 때 두꺼비 알을 네거리에 파묻는 것에 이르기까지 그 방법은 매우 다양하다. 이러한 주술은 환자가 그것이 효과가 있다고 믿는 한 그 믿음에 걸맞는 결과를 가져온다.

그는 피부병의 치료에 대해 이렇게 말하기도 했다.

"나는 종종 다른 의사들이 처방했으나 효험이 없었던 고약을 환자에게 처방하곤 했다. 그 때마다 환자에게 '그 고약을 붙이면 병이 곧 나을 거'라는 희망적인 말을 꼭 해주었다. 그러면 신기하게도 곧 바로 치료 효과가 나곤 했다."

2. 정신 제2법칙

정신에서 주목되는 또 하나의 법칙은 다음의 법칙[53]이다.

정신 제2법칙, 염력(念力)은 만사물(萬事物))에 영향을 준다. [念效則]

생각(상념)이 에너지인 것은 앞 제1장 '정신이란 무엇인가' 의 절에서, 내가 '정신은 전자기적 고에너지' 라고 정의한 데 근거한다. 참고로 후쿠라이 박사의 '상념은 단순한 표상이 아니라 에너지의 일종이다', 처치랜드의 '마음이란 정상적인 형태의 에너지이거나 에너지의 발현일 것이다', Toben과 Wolf가 '의식과 에너지는 하나' (Consciousness and energy are one)로, 물질이 에너지의 다른 면(面)이라고 한다면 정신 또한 에너지의 다른 면이다', 하루야마가 '생각하는 데도 에너지가 작용한다' 고 했던 것을 기억할 것이다.

다 같은 색각에서도, 상(想), 의(意), 식(識)은 비교적 정(靜)적이다. 소망(願), 원한(怨恨), 염(念)은 동(動)적이다. 동적이라 함은 염력(에너지)이 보다 강하게 작용함을 의미한다. ―상, 의, 식도 에너지이므로, 힘(力)으로써 타에 전혀 영향을 주지 않는 것은 아니나 원(願), 원(怨), 념(念)에 비하여는 정적이라는 말이다.― 그러므로 원망, 원한, 염력은 사물에 더 작용하기가 용이하다.

상념이 에너지이므로 "사념(思念 : 상념과 유사한 말)도 에너지다." 사고가 동적이니 사념하면 에너지가 소모 된다. 우리가 사고하면 뇌파가 달라진다. 사념이 강할수록, 뇌나 손에서 발사하는 전자파, 몸에서 발사하는 전자파(오오라)가 크게 방사된다. [참고 : 수면 중의 뇌파, 유리 겔러의 사념시의 전자파, 미국 에그니스대학의 원격심령치료 실험기록[54]] 따라서

53) 이 정신 제2법칙은, 뒤에 보일 정신 제3법칙과 함께 정신 제1법칙의 부차적(副次的) 법칙이라 볼 수 있다.
54) 김봉주 역, 한국심령학회 『會報』 제13호(1976. 2. 10) 참조.

'염력은 에너지의 일종이다.' [55] 이 염력에너지가 생체 또는 물체에 영향을 주므로 생체 또는 물체에 변화를 가져다 준다. 이 에너지의 방사에 대하여 는 오오라실험이 잘 보여주고 있다. 오오라의 성질이 전자기성인 것에 주목할 것이다. 사상·감정(=念)이 다르면 오오라방사의 강도나 범위나 색채들이 달라지는 것을 앞에서 우리는 보았다.

기도(염력의 일종)의 힘으로 병을 치료하고, 기도의 힘으로 식물을 보다 잘 자라게 하고, 염력으로 스푼을 구부리며 부러뜨리고, 염력으로 물체를 들어 올리고 이동시키며, 심령수술을 하는 등은 모두 사념에너지와 관계되기 때문에 가능한 것이다. 사념이 필름을 감광시키는 것도 에너지의 영향이다. 때문에 근래(20세기 후반)에 와서 타키온입자설, 의식소립자설, 염자(念子)설 등이 대두되고 있는 데 주목할 일이다. [56]

앞에서 말한 사념(상념) 즉 염력이 사물에 영향을 주는 현상을 분류해 보면 다음 몇 가지가 된다.

제1항 염력은 마음(心)에 영향을 준다
제2항 염력은 영(魂)에 영향을 준다
제3항 염력은 신1(God)에게 영향을 준다
제4항 염력은 인체(人體)에 영향을 준다
제5항 염력은 식물(植物)에 영향을 준다
제6항 염력은 물체에 영향을 준다
제7항 염력은 만사(萬事)에 영향을 준다.

가. 제1항 염력은 마음에 영향을 준다

상념이 정신에 영향을 줌은 주관적 심령현상에서 많이 보인다.

---

55) 僑本建 外, 《四次元圖鑑》, (東京, 1974).
56) 타키온, 의식소, 염자설이 대두되는 것은 특히 상념이 광자보다 빨리 시공간을 초월하기 때문이다.

1) 자아의 변화

자기가 자신의 정신에 의하여 정신적(의식적)으로 변화가 오는 경우이다. 무당, 영매(靈媒), 영능가, 정신이상자(노이로제, 분열증, 자폐증, 공포증) 등이 이에 속한다. 능력에는, 예지(豫知), 정신감응(Telepathy), ESP(초감각적 지각, 영감, 투시), 영청(靈聽), 독심술 등이 있다. 이를 초능력이라고도 한다. 그 능력은 유전(遺傳)에 의해 오기도 하고 훈련에 의해 이루어지기도 한다.

2) ESP 실험

초심리학은 ESP(Extra Sensory Perception ; 초감각적 지각)의 과학적 연구에서 출발하였다. 그것은 영국의 심리학자 윌리엄 맥도걸이 미국에 가서 노스캐롤라이나의 듀크대학 심리학과 주임이 되어, 1927년에 초심리학연구소를 창설함으로써 시작되었는데, 30년간 ESP를 한층 현대과학적인 방법으로 실험하게 한 데 의의가 크다.[57] 그 연구의 결실은 그의 제자인 J. B. 라인 부부에 의하여 이루어졌다.

1937년 뉴욕시 한타 칼리지의 여학생은 카드 25장씩 74회 테스트하여 연속 28장을 뽑아내는 정답률을 올렸다고 하며, 영감이 있는 자에게 다른 방에 있는 사람이 앞의 카드를 제시하면 이웃 방에서 알아맞히는 실험에서는, 라인 박사는 수백회의 실험 끝에 그 능력자는 비능력자보다 확실히 확률이 높다는 것을 최초로 공표하였다.

---

57) 그는 영국심령연구협회(S.P.R) 및 미국심령연구협회(A.S.P.R)의 회장을 역임했다.

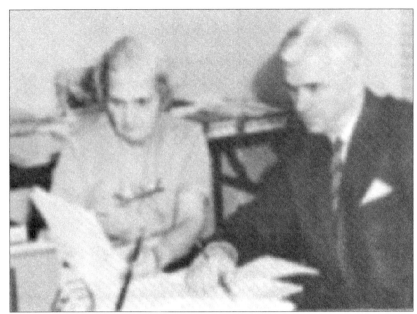
ESP연구가인 라인 박사 부부

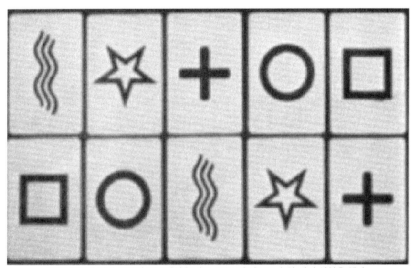
라인 박사에 의해 고안된 ESP실험용 카드. 그는 이 카드로 수천 번의 실험을 했다.

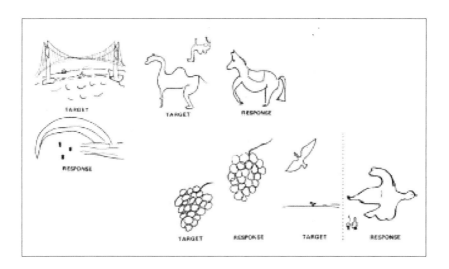

위 그림[58]은 1973년 8월 4일~10일까지 캘리포니아의 스탠포드 물리연구소(SRI)에서 해럴드 E. 푸도프 박사와 러셀 탈그 박사에 의하여 행한 영능가 유리 겔러의 (ESP)투시 실험한 것으로, Target(목표물)는 실험용 그림이고, Response(반응)는 밀폐된 방에서 겔러가 투시하여 그려 보인 그림이다. 이 실험기(實驗記) 및 그림 출처는『유리 겔러 논문집』(The Uri Geller Papers edited by Charles Panati, 1976)에서 전재한 것이다.

3) 타아(他我)의 변화

제3자(타인)의 정신에 변화를 주는 경우이다. 최면(催眠), 교육, 종교, 강연, 의식(儀式) 등이 그것이다. 가장 대표적인 것이 최면술로서 최면상태인 사람의 현재의식이 사라지면 암시자의 상념(언어)이 곧 실재가 된다.

최면과 심층의식
최면상태란, 현재의식 즉 표층의식이 극도로 또는 전적으로 약화된 심

---

58) Penati C. The Geller Papers(Boston : Houghton Mifflin, 1976), p. 153.

층의식수준으로, 최면법(術)은 정신 제1법칙이 가장 잘 달성되는 경우로, 입신상태(황홀상태), 강신술(강령술), 진혼귀신법 등이 그것이다. 따라서 심층의식은 잠재의식, 의식일반, 우주의식, 대령(大靈)과 통하는 말이다. 득도의 경지, 신인합일, 신성자각, 삼매경, 해탈 등도 대동소이(大同小異)한 경지들이다.

최면 시술장면(심층의식 상태에서 손이 올라가고 있다.)

4) 최면효과

최면술에 의하여 정신병만 고치는 것이 아니라 육체적 병, 즉 알레르기, 편두통, 열병, 일반감기, 여드름, 천식, 사마귀, 다양한 통증, 구토증, 배멀미, 위궤양, 류머티즘, 퇴행성 관절염, 당뇨병, 파킨슨병, 다발성 경화증, 그리고 암도 고칠 수 있다. 오늘날 내과적 질병의 약 80%는 정신(마음)에서 온다고 보아도 과언이 아니다. 이런 병들을 최면술로 고칠 수 있다.

나. 제2항 염력은 영(혼)에 영향을 준다

우리는 조상을 위해 제사를 지내고, 명절이면 차례는 물론이고 성묘를 간다. 이 숭조사상과 유교적 예절을 세계에서도 가장 잘 지키고 있는 나라가 한국이다. 원래 그 본거지는 중국이건만 한국의 이 상상은 투철하다. 다음은 위빙(주한 중국 대사관 주재관)이라는 중국 여인이 「동아일보」 (2001년)에 기고한 다음 글의 일부이다.

현대화와 유교 전통은 한국인의 생활과 의식 속에 비교적 조화롭게 공존하면서 한국 사회에 깊은 영향을 미치고 있다. 가까운 중국이나 일본과 비교해 봐도 이는 정말 이채로운 일이 아닐 수 없다. [그 원인을 일반적으로 중국은 공산주의 시기에 문혁운동 등으로 유교가 말살되었으며, 일본은 스스로가 말하듯이 섬나라라 유교를 받아들이지 않았기 때문이라고들 한다]

어느 나라나 의식(행사)에서 묵념하는 것을 본다. 이것이 단순한 하나의 절차라고 생각하는 사람들이 있을 테지만 종교에서 영혼을 위하여 기도하고 천도[59]하는 행위는 정신적으로 대단히 중요한 것이다. 이 행위는 하나의 형식이 아니라 실제인 것이다. 교통사고로 혹은 익사(溺死)사고로 죽은 영혼을 위하여 길을 닦는 굿을 하는 것도 무의미한 것이 아니다. 최면에서 영혼이 남의 몸에 들어와('빙의'라고 함) 정신 이상이 된 환자를 잘 타일러서 혹은 후히 대접해서 떠나보내면 환자의 병이 실제 낫는 것을 본다. 또는 풍수지리에 의해 명당을 찾는 데도 이유가 있으며, 고인이 조상을 수맥이 심한 곳에 모셔서 자손이 해를 보는 경우도 하나의 미신이 아니라 참고할 사항인 것이다.

이런 여러 경우가 우리의 상념이 영혼에 영향을 미치는 예들이다.

---

[59] 죽은 이의 명복을 빌기 위하여 불보살에게 재를 올려서 영혼들로 하여금 정토나 천계에 태어나도록 기원하는 법식.

다. 제3항 염력은 신₁(하나님)에게 영향을 준다

구약성서에 모세가 이스라엘 백성을 데리고 이집트를 탈출할 때 하나님이, "너는 네 지팡이를 들고 바다 위로 손을 뻗어 바다를 가르고서는 이스라엘 자손들이 바다 가운데 마른 땅을 걸어 들어가게 하여라."[60]하심에 모세가 바다 위로 손을 뻗었다. 주님께서는 밤새도록 거센 샛바람으로 바닷물을 밀어내시어 바다를 마른 땅으로 만드셨다. 그리하여 바닷물이 갈라지자 이스라엘 자손들이 바다 가운데로 난 마른 땅을 걸어 들어갔다. 물은 그들 좌우에서 벽이 되어 주었다.

뒤이어 이집트인들이 쫓아왔다. 파라오의 모든 말과 병기와 기병들이 그들을 따라 바다 한가운데로 들어갔다. 새벽녘에 주님께서 불기둥과 구름 기둥에서 이집트 군대를 내려다보시고 이집트 군대를 혼란에 빠뜨리셨다.

우리는 옛날 이야기로 하늘이 감응한 예를 들었을 것이다. 이런 경우 인간의 상념이 하늘에 영향을 준 것이다.

라. 제4항 염력은 인체에 영향을 준다

인간은 누구나 자기의 정신이 자기의 육체에 영향을 준다는 것을 정신 제1법칙에 의하여 잘 알고 있을 것이다. 가령 마음에 고민이 있으면 육체에 병이 난다. 물리적 작용이 아닌 정신적 쇼크만으로도 육체가 죽는다. 또 정신력이 강하면 평소의 몇 배의 힘이 난다(그 예는 차력술, 축지법, 요가행공 등에서 볼 수 있다).

그런데 자기의 정신은 자기 육체에만 영향을 주는 것이 아니라, 남의 육체에까지 영향을 준다. 상념효과(플라시보, 인지효과), 심령치료, 안수치료, 원격심령치료 등이 그 좋은 예이다.

---

60) 구약성서 《탈출기》(14:21-28).

가) 인체의 변화

인지효과(위약효과)는 자신의 상념(신념)이 병을 고치는 것이지만, 대개 타인(의사, 목사, 신부, 학자, 점쟁이 등)의 암시(말=상념이 기호화된 것)에 의하여(영향을 받아) 생체가 변화하는 형상임으로 이 절에서 취급한다.

나) 자기상념

자기상념이란 자기가 자기 마음 속에 생각을 담고 있는 것이다. 아니면 자기가 자기에게 암시(제시)를 하는 것이다. 가령 '나는 건강하다'고 진심으로 생각하거나 말로 하면 내 몸은 건강해진다. 내 몸은 내 생각을 믿는 것이다. 또한 느낌이 신체의 형태를 바꾸기도 한다. '나는 뚱뚱한 것 같애'라든가 '나는 자신이 없다'라는 느낌은 자기를 그렇게 만든다.

그러므로 내 몸은 내가 마음먹기에 달렸다. 정신은 거대한 힘을 가지고 있다. 정신은 우리의 건강을 약화시키는 요인이 되기도 하고 치유해 주는 힘이 되기도 한다. 몸은 생각의 반영이다.

상상을 통해 촉발되는 생리작용은 실제적 힘을 가지고 있을 뿐 아니라, 동시에 매우 구체적이라는 것을 알라. 신념이 사람의 건강에 매우 중요한 역할을 한다.

'상상이 병을 만들어낼 수도 있고 고칠 수도 있다.' Benie Siegel 저, 《Love, Madicine, and Miracles》에서 환자 자신의 이미지가 자신의 건강상태를 지어내는 데 큰 역할을 한다는 것의 실례를 보였다.

5) 상념(인지)효과 [=플라시보]

'마음이 신체를 지배하는 힘은 건강문제뿐만 아니라 신체적 기능과 운동능력에도 엄청난 효과를 미친다. 협심증도 단지 플라시보효과(想念效果)만으로 치유된다고 보고, 신체를 절개했다가 단지 봉합한 것만으로 병이 회복됐다. 상념효과(플라시보)가 입증된 병들에는 협심증, 편두통, 알레르기, 열병, 일반감기, 여드름, 천식, 사마귀, 다양한 통증, 구토증, 배멀미, 위궤양, 우울증, 정신적 증후군, 류머티즘, 퇴행성관절염, 당뇨병, 파킨슨병, 다발성경화증, 암 등이다'.[61]

　마음 속에서 그리는 심상(心象)이 어떻게 불치의 암과 같은 무서운 병에 영향을 미칠 수 있을까? 놀랄 것도 없이 이 현상 또한 홀로그램 두뇌 모델로 설명할 수 있다. 텍사스주 댈러스에 있는 텍사스 대학 건강과학센터의 갱생과학 연구책임자이며 사이먼튼이 사용하는 심상화 기법의 개발을 도왔던 과학자 중 한 사람인 심리학자 진 액터버그(Jeanne Achterberg)는 두뇌가 지닌 홀로그램적 상상력이 이것을 이해하는 열쇠라고 믿는다.

　액터버그는 상상을 통해 촉발되는 생리작용은 실제적 힘을 가지고 있을 뿐만 아니라 동시에 매우 구체적이라는 것을 발견했다. 예를 들면 '백혈구'라는 용어는 실제로는 여러 가지 다른 종류의 세포들을 의미한다. 한 연구에서 액터버그는 피험자로 하여금 몸속에 한 가지 특정한 백혈구 수를 증가시키도록 훈련시킬 수 있는지 시험해 보기로 했다. 이를 위해서 그녀는 한 그룹의 대학생들에게 백혈구 중 가장 많은 종류인 뉴트로필이라는 세포를 상상하는 방법을 훈련시켰다. 또 다른 그룹에게는 좀더 특수한 백혈구인 T-세포를 상상하는 방법을 훈련시켰다. 시험 결과 뉴트로필을 상상한 그룹은 체내에 뉴트로필의 수가 현저히 증가했지만, T-세포의 수는 변화가 없었다. T-세포를 상상한 그룹에서는 이 세포의 수가 현저히 증가했고 뉴트로필의 수는 전과 같았다.

　액터버그는 신념이 또한 사람의 건강에 매우 중요한 역할을 한다고 말한다. 그녀가 지적하듯이 병원을 들락거려 본 사람이라면 거의 누구나 가망성이 없어서 집으로 돌려보내진 환자가 —환자 자신은 그 사실을 믿지 않았다— 결국 깨끗이 나아서 의사를 놀라게 만들었다는 식의 이야기를 한 번쯤은 듣는다. 《치유과정에 작용하는 상상력》(Imagery in Healing)이라는 놀라운 책에서 그녀는 자신이 직접 목격한 이런 예를 몇 가지 이야기하고 있다.

---

61) 텔보트, 《홀로그램 우주》, p. 134.

그 중 하나는 한 여성이 혼수성 마비증세로 입원했는데 아주 큰 뇌종양이 있다고 진단받았다. 그녀는 종양을 '들어내는' 수술을 받았지만, 의사는 죽을 때가 다 됐다는 판단으로 더 이상의 방사선 치료나 화학치료를 받지 않고 집으로 돌려보내졌다. 그런데 그녀는 죽지 않고 오히려 날이 갈수록 더 건강해졌다. 그녀의 바이오피드백[62]치료를 맡았던 액터버그는 그 환자의 병의 결과를 지켜볼 수 있었다. 16개월이 지나자 그녀는 암의 징후를 전혀 보이지 않았다. 어떻게 된 일일까? 그녀는 보통 수준의 교육을 받았으므로 일반적인 의미의 지성을 갖추고 있었다. 그러나 그녀는 '종양'이라는 말의 의미, 즉 그것이 사망선고를 의미한다는 사실을 제대로 모르고 있었다. 그래서 그녀는 자신이 곧 죽게 되리라고 믿지 않고 여느 질병을 대하는 것과 마찬가지의 투병의지로 암을 극복해냈던 것이라고 액터버그는 말한다. 액터버그가 그녀를 마지막으로 보았을 때 그녀에게는 더 이상 마비증세가 없었고 부목과 지팡이도 던져 버린 후였다. 심지어 댄스파티에도 몇 번이나 참석했다고 한다.

액터버그는 암이 일종의 사망선고임을 인식하지 못하는 정신박약아나 정서장애자에게는 암발생률이 적다는 사실도 자신의 견해를 뒷받침한다고 주장한다. 미국 전체의 평균 암사망률이 15~18%인데, 텍사스주에 거주하는 이 두 그룹의 사람들 중에서는 4년 동안 단 4%만이 암으로 사망했다. 흥미로운 것은 이 두 그룹의 사람들 중에서 1925년~1978년 백혈병 진단을 받은 사람은 한 명도 없었다. 미국 전체의 조사에서나, 영국, 그리스, 루마니아 등 다른 나라들의 조사에서도 비슷한 결과가 보고되었다.[63]

외과 수술조차도 하나의 플라시보로 사용되었다. 심장에서 혈액공급이 감소되어 생기는 가슴과 왼팔에 반복적인 통증이 오는 협심증의 경우 1950년대에는 흔히 수술로써 치료했다. 그러다가 어떤 융통성 있는 의사들이 실험을 해보기로 결심했다. 그들은 유방의 동맥을 묶어서 혈행을 막

---

62) 바이오 피드백은 자율신경(근육긴장도, 뇌파, 심장 박동수, 피부저항도, 체온, 혈압 등 우리가 느낄 수 없는 여러 가지 생리 반응)의 생리적 변수를 부분적으로 조절하는 것. 즉 기계를 통해 직접 보고 느끼면서 증상을 완화하고 건강에 유리한 방향으로 조절하는 방법을 익히는 행동치료법의 일종임.
63) 상게서, pp. 125~27.

는 관행적인 수술 대신 단순히 환자의 신체를 절개했다가 다시 봉합했다. 가짜 수술을 받은 환자들은 진짜 수술을 받은 환자들처럼 병이 회복되었다. 진짜 수술은 단지 플라시보 효과만 낳았을 뿐이라는 것이 판명된 것이다. 어쨌든 가짜 수술의 성공은 우리에게 누구나 협심증을 다스리는 능력을 지니고 있음을 보여주는 것이다.

그리고 이것만이 아니라 지난 50년 동안 플라시보 효과는 전세계적으로 수백 회의 연구를 통해 광범위하게 조사되었다. 이제 우리는 플라시보 치료를 받은 사람의 평균 35%가 상당한 효과를 나타낸다는 사실을 알고 있다(개별적인 상황에 따라 이 수치가 심하게 변동될 수는 있다).

보다시피 그 효과는 가벼운 질병에서 치명적 질병에 이르기까지 광범위하다. 그러나 가장 경미한 병에 대해서조차 플라시보 효과는 거의 기적적인 생리적 변화를 가져올 수 있다.

예컨대 가벼운 사마귀의 경우를 살펴보자. 사마귀는 바이러스로 인해 피부 위에 자라나는 작은 종양이다. 이것도 플라시보로 매우 쉽게 치료된다. 이것은 다양한 문화권 속에서 동원되는 무수한 민간의식—의식 자체도 일종의 플라시보라 본다—이 증명하고 있다.[64]

이 사실에 대하여 나(필자 김봉주 자신)의 경험을 이야기해 보겠다. 내가 초등학교 4학년 무렵에 어느 날부터 사마귀가 나기 시작하더니 양손에 다닥다닥 났다. 남보기에 아주 부끄러웠다. 어른들 말로는 초가지붕 처마에서 흘러 내려오는 빗물을 받아 손을 씻으면 그런 사마귀가 난다는 것이었다. 어느 날 어머니가 말씀하시기를 "앞 담 밑에 하수구 구정물이 고이는 곳에 메밀씨 한 주먹을 촘촘히 뿌려 놓았다가 며칠 후 새싹이 도독이 올라오거든 펄펄 끓는 뜨거운 물을 한 바가지 퍼다가 확 뿌리면서 '내 사마귀도 다 죽어라!' 소리치거라. 그 싹들이 뜨거운 물로 죽으면 네 사마귀도 다 없어진다"고 하셨다. 그래서 한 번 시험삼아 해본다고 그대로 했더니 정말 며칠 후에 그 많던 사마귀들이 깨끗이 사라졌다. 신기한 일이었다.

---

64) 상게서, pp. 133~34.

이 현대의 치유 기적은 독일의 다름슈타트에 살고 있는 루터교단의 수녀들과 관계가 있다. 수녀들은 성당을 짓고 있었는데 그 중 한 수녀가 새로 칠한 시멘트 위를 밟는 바람에 그 아래 걸침목 위에 떨어졌다. 그녀는 급히 병원으로 옮겨졌고 X선을 찍어보니 골반이 심하게 골절되었다. 수녀들은 기존의 의료수단에 의존하는 대신 철야기도회를 열기로 했다. 여러 주일 동안 교정치료를 받아야 한다는 의사의 권고에도 불구하고 수녀들은 이틀 후 환자를 데리고 돌아가 계속 기도하고 차례대로 안수를 했다. 안수가 끝나자마자 놀랍게도 수녀는 골절로 인한 고문과도 같은 통증에서 벗어나 침대에서 일어났다. 완전히 회복되기까지 2주일밖에 걸리지 않았다.[65]

6) 공중부양

영능자는 염력(상념의 힘)에 의히여 사람을 공중으로 띄워 올리기도 한다.

강령술

강령술이란 기도나 주문으로 신을 내리게 하는 술법이다. 강신술도 유사한 말로 주문이나 굿으로 영혼을 불러오는 술법을 말한다. 그런데 강령술에 의해

최면에 의하여 사람이 공중에 뜬 예

65) 상계서, p. 183.

영국 영매 코린 이반스가 런던의 알버트홀에서 행한 공개 강령회 석상에서 공중으로 떠오른 장관(壯觀).

인체를 부양한다.

7) 의식(儀式)

정신력에 의하여 맨발로 불, 석탄불 위를 걸어가기도 한다. 이런 행사 (축제)는 인도, 아프리카, 남아메리카, 말레이지아 등지에서 많은 관중이 보는 앞에서 행해진다.

성서에서, 예수가 앉은뱅이에게 '일어나거라' 하니 벌떡 일어났다던가, 죽은 지 3일 되는 나자로의 무덤에 가서 '나자로야, 이리 나오너라' 하니 살아 나왔다던가 하는 사실은 바로 이 법칙을 보여 주는 예들이다.

인도의 쿠다 북스가 런던대학 심령연구회에서 403℃의 석탄불 위를 걸어가 보이고 있다.
▶

불 위를 걸어가는 한 의식(타이완)

성서에서 '뱀이 되라' 하니 사람이 뱀으로 변한 이야기

8) 원격치료

염력으로 원거리에 있는 환자를 치료하는 예를 흔히 본다. 이때의 염력

이 공중을 통과할 때 어떠한 현상이 일어나는가를 실험한 일이 있다.

사념(염력)을 먼 거리로 보낼 때, 고(高)에너지 미분자(微分子)가 통과하는 것을 관찰하기 위한 장치인 무상(霧箱 ; Cloud Chumber)을 가지고, 1974년 전(前) 조지아 공과대학 교수 로버트 N. 밀러 박사와 에그니스 스코트 대학 물리학과 과장 필

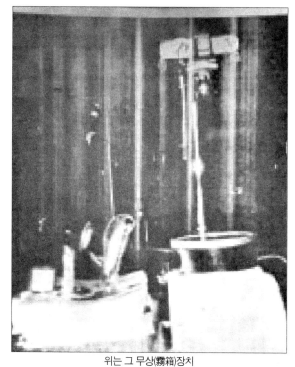

위는 그 무상(霧箱)장치

립 B. 라인 허트 박사팀은 국제적으로 알려진 심령치료가 올가 워럴 박사(女)를 대상으로 에그니스 대학 물리실험실에서 원격 치료를 실험했다.

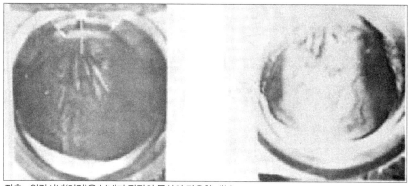

좌측 : 원격사념(염력)을 보내기 직전의 무상의 평온한 내부
우측 : 워럴 박사가 600마일 밖 메릴랜드의 발티모어에서 사념을 집중하여 보내고 있는 동안 소용돌이 치고 있는 무상의 내부

정신법칙 중 제4항 염력이 인체에 영향을 준다에 대하여 더 알아보면, 마음을 바꿈으로써 삶을 변화시킨 예들을 수 없이 들 수 있다(다음은 그 예들이다. 이런 때 그 결과를 '정신력의 마력'이니, '신념의 마력'이니 하는데 그 모두가 '마력'이 아니라 '정신 법칙'의 예들인 것이다).

　*20년간의 편두통을 마음을 바꿈으로써 고침
　*미국 암대책연구센터 의학국장 사이먼튼 박사의 마음가짐 훈련으로 암 치료
　*'몸은 생각하는 대로 움직인다.' [샤피로, 《마음으로 몸을 고친다》, p. 19]
　*'우리의 몸은 실제와 상상 속의 일을 구별하는 능력이 없기 때문에 표면상으로는 대수롭지 않게 보이는 사건들이 스트레스로 작용할 수도 있다.' [상게서, p. 21]
　*'몸은 생각하는 대로 이루어진다' [샤피로, 상게서, p. 35]
　*우리가 걸리는 병의 약 85%가 우리의 태도(마음가짐)와 생활방식에 의해 발생한다는 통계가 있다.

마. 제5항 염력은 식물에 영향을 준다

9) 박스터효과

　《식물도 생각한다》(원저서명 : The Secret Life of Plants)[66]에 의하면, 식물도 인식함을 알 수 있다. 그것을 과학적으로 일컬어 박스터 효과라 한다. '박스터 효과'란, 1966년 뉴욕의 맨허튼에 있는 거짓말 탐지기 기술학교 교장인 크리브 박스터가 식물에 감정이 있음을 알아내어, 식물에서 그러한 반응을 실험적으로 얻어내는 효과를 말한다.

---

66) 피이터 톰프킨스/ 크리스토퍼 버어드 저, 정경필 역, 《식물도 생각한다》(서울 : 태종출판사, 1977).

1959년 캐나다의 버나드 그래드 박사는 심령치료가의 사념이 식물성장에 미치는 영향을 실험하였는데 현저한 차이가 남을 발견했다(아래 그림을 비교하라). 좌측은 기도의 힘을 받은 것이고, 우측은 악념(惡念)을 받은 식물이다.

1966년 식물에도 감정이 있음을 처음으로 발견한 크리브 박스터 교장

또한 프랭그린 로어 목사는 《식물에 미치는 기도의 힘》이란 책에서 150명에게 2,700개의 씨앗에 대한 700번의 실험에서 기도의 힘을 받은 쪽이 빨리 성장했다고 쓰고 있다.

이 현상을 일본에서는 공개적으로 실험한 바 있다. [이하 사진 참조]

선인장에 감정이 있는가를 실험하는 기계
[출처 : 橋本 健 外.《四次元圖鑑》(東京 : 池田書店, 1974), p. 249]

선인장에 감정이 있음을 증명하는 일본 Net TV 공개 실험
[출처 : 상동 《四次元圖鑑》(東京 : 池田書店, 1974), p. 250]

이러한 효과는 근래 농업에서 점점 이용되고 있으며, 농산물을 기르는 데에 음악효과(아름다운 음악을 들려주면 식물이 잘 자라는 효과)를 이용하고 있음에도 주목할 것이다.

바. 제6항 염력은 물체에 영향을 준다

10) 정신력과 에너지

정신의 한 가지 특징은 그것을 집중하면 막대한 힘이 나온다는 것이다. 이는 정신이 에너지라는 증거이다.(오오라를 참조)

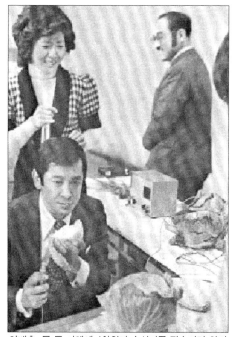

양배추, 무 등 야채에 4차원파 수신기를 접속시켜 하시모도(橋本) 공학박사가 감정이 있는가를 실험하고 있는 광경을 일본 NET 텔레비전 방송에서 방영 중임.
[출처 : 상동《四次元圖鑑》, p. 36]

앞서 물질의 구조에서 명백하듯이 이 세계는 에너지의 세계이다. 에너지의 성질·양태는 전자기인 바, 전자기는 파장 즉 진동이므로 우주는 파동(진동)의 세계이다. 때문에 우리가 사고만 하더라도 뇌파가 일어난다. 실험에 의하면 우리의 수면시의 뇌파는 0.5~3.5Hz이고, 의지적 정신활동을 하고 있을 때의 뇌파는 14~30Hz로 밝혀졌다. 이것이 의미하는 바는 강한 사고, 즉 강력한 의지는 강한 뇌파를 낸다는 것이다. Hz에 변화를 준다는 것은 파(波)에 영향을 주는 것이며 그것은 다시 에너지에 영향을 줌을 의미한다.

어떤 철학자들은 마음이 실체라고 말하는가 하면, 과학자들은 마음이 에너지의 모습, 일종의 힘이라고 주장한다.[67]

---

67) 이효범, 전게서, p. 188.

이러한 관점에 대하여 잠시 알아본다.

다음의 견해는 내가 오랜 동안 생각해 왔던 바와 일치하고 있다. 이미 앞장 〈정신에 대한 학자들의 견해〉에서 인용한 바 있는 "사람들은 흔히 '생각만 하는 것은 타(특히 물질)에 영향을 미치지 않는다' 고 믿는다. 그러나 뇌가 활동하고 판단하는 사고의 결과물은 모두 물질화되어 화학반응을 일으킨다. 생각하는 데도 에너지가 필요하다. 단순히 '싫다' 혹은 '좋다' 고 생각하는 데도 기본적인 양의 에너지가 필요하다. 뇌가 에너지를 사용할 때는 POMC라는 단백질 분해현상이 반드시 일어난다. 그리고 긍정적으로 사고할 때와 부정적으로 사고할 때의 단백질 분해방법은 서로 다르다. 이 것은 매우 중요한 의미를 갖는다. 플러스 발상을 하여 긍정적으로 받아들이면, 인체에 좋은 약으로 작용하는 물질이 체내에 생성되지만, 마이너스 발상을 하여 부정적으로 받아들이면 약 대신 독으로 작용하는 물질이 생성된다."[68]

현대물리학은 인간의 상념 자체가 물리적 에너지이며 거리와 장소에 구애받지 않고 즉각적으로 작용하는 신비로운 힘을 가졌다는 사실을 여러 가지 실험을 통해 밝혀내고 있다. 의사들도 역시 많은 환자의 치료과정에서 그것이 사실임을 확인하고 있다. 먼 곳에 있는 환자에게 텔레파시로 치료자의 상념과 에너지를 보내거나, 환자 본인이 치료를 거부하거나 협조할 수 없는 상황에서 가까운 가족이나 친지를 최면상태로 유도하여 환자의 내면의식에 접근하게 한 후, 문제의 원인을 파악하고 해결해 나가는 간접적 치료방법들은 공상과학 소설 속에서나 가능한 일처럼 느껴진다. 그러나 사람들의 마음과 정신이 가진 에너지의 물리적 특성과 작동원리를 제대로 이해하면 얼마든지 쓸 수 있는 치료방법이다.[69]

상념을 글로 옮겨 놓으면 그 행위는 보다 강력한 에너지를 이끌어내 당신이 원하는 삶을 만드는 과정을 도와준다. '아, 저기로 꼭 가고 싶다' 는 상념이 없다면 아무데도 갈 수 없다. 설계도나 머리 속 그림이 없이 집을

68) 하루야마 시게오 저, 반광식 역, 《뇌내혁명》(서울 : 사랑과 책, 1996), pp. 65~68.
69) 김영우, 《영혼의 최면치료》(2002), p. 201.

지을 수 없는 것과 마찬가지이다. 목적지도 모른 채 자신의 인생이라는 버스를 운전하는 것이 무슨 의미가 있겠는가?

자신이 적은 상념을 매일 10분씩 집중해서 바라보면서 거기에 적힌 내용을 이뤄나가는 자신의 모습을 그려보라. 그러면 에너지의 법칙(인력의 법칙)이 작용하기 시작한다. 생각은 자석과 같다. 우리가 생각할 때마다 그 생각은 대상을 자석처럼 끌어당긴다. 생각을 하면 할수록 그 자력은 더 커지고 강해진다. 우리가 에너지를 쏟는 대상, 주의를 기울이는 대상이 자꾸 더 많이 삶에서 나타난다. 생각을 통해서 내보낸 에너지 그것이 주파수가 맞는 에너지를 다시 내게로 끌어당기는 것이다. 우리는 꿈의 에너지 장에 살고 있다. 꿈을 마음 속에 선명하게 그려보고 거기에 집중하며 행동하면 그 꿈이 곧 이루어지게 된다.

불평하면 할수록 불평거리가 더 생기는 법이다. 불평이나 부정적인 생각을 버려야 하는 이유가 여기에 있는 것이다. 투덜대느라 원하는 인생을 생각할 수도, 이룰 수도 없다. 그러므로 원하지 않는 것, 하기 싫은 일에 대해서는 잊어라. 당신이 원하는 비전(원함이나 꿈을 눈 앞에 선명하게 그리는 것)에만 에너지를 집중해라.

한 제자가 붓다에게 물었다.

"제 안에는 마치 두 마리 개가 살고 있는 것 같습니다. 한 마리는 매사에 긍정적이고 사랑스러우며 온순한 놈이고, 다른 한 마리는 아주 성질이 사납고 매사에 부정적인 놈입니다. 이 두 마리가 항상 제 안에서 싸우고 있습니다. 어떤 녀석이 이기게 될까요?"

붓다는 생각에 잠긴 듯 잠시 침묵을 지키더니 아주 짧은 한 마디를 했다. "네가 먹이를 주는 놈이다."

11) 물품이동

PK(Psycho-Kinesis ; 염력, 염력공학, 또는 염동)라 함은 인간의 정신력이 물체에 영향을 주는 것을 말한다. 정신의 공학적 영향에 대한 검토이다.

윌리엄 크룩크스 박사가 D. D. 홈이 직접 주악(奏樂)을 하기 위하여 만든 바구니와 실험자재. 영매 홈이 아코디온의 건반 반대쪽을 들고 있는데 연주가 되었다.

물체부양(Levitation)이란 염력에 의해 사람의 손댐이 없이 인체나 물체(탁자 등)를 공중으로 떠오르게 하는 것을 말하며, 물품이동이란 염력에 의하여 물품을 옮기거나 그 자리에서 사라지게 하는 것을 말한다.

이에 대하여는 영국 영능자 D. D. 홈(1833~1986)을 상대로 과학자 윌리엄, 크룩크스, 올리버, 롯지 등이 실험한 것을 비롯하여, 1888년 전후 몇 년간 이탈리아의 정신병리학자 롬부로소, 프랑스 생리학자 리쉬에 교수 등이 이탈리아의 여자 영능자 유사피어 파라디노(1854~1918 : 만 25년 간에

염력가 톰직의 염력실험 : 염력으로 가위를 들어 올리고 있다

평형저울 추를 움직이고 있다.

걸쳐 일류 과학자들로부터 탁자 부양의 수많은 실험을 당한 영매)를 상대로 한 철저한 실험 외에도 상당수가 있다.

12) 허치슨효과

물품이동 중에는 초공간이동이 있는데, 초공간이동이란 염력에 의해 물품을 순간적으로 이동시켜 한 장소에서 사라지게, 또는 나타나게 하는 것(순간이동, 초공간전이라고도 함)을 말한다.

1979년 캐나다의 허치슨이 테스라코일, 단베루코일, 환데그라프 등을 사용하여 순간이동의 실험에 성공함으로써 세간의 관심을 끌었는데 이를 허치슨효과라고 한다. 우리나라에서는 부산 동의대학교 과학부 교수인 이상명 박사가 실험한 바 있다. 그에 따르면 한국에서는 1989년 국제천문학연구위원회와 대한초능력학회(대구 소재) 연구자들이 이 실험을 행하였다고 한다.[70]

13) 겔러효과

겔러효과란 현대 이스라엘의 염력가 유리 겔러가 염력으로 스푼이나 포크 등 금속물을 휘거나 부러뜨리는 효과를 실험해 보인 것을 말한다.

그의 PK실험을 한 사람에는 미국 메릴랜드의

염력으로 열쇠를 구부리고 있는 이스라엘 염력가 유리 겔러

---

70) 이상명, 《생체자기학》(부산 : 동문출판사, 1995). p. 111. 그의 이 저서에는 그 원리도 제시되어 있다.

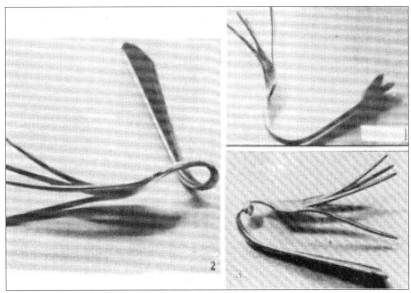

유리 겔러가 염력을 주어 놓으면, 포크가 저절로 구부러졌다.[71]
염력 보낸 1시간 후의 포크 〈그림 1〉
염력 보낸 1시간 반 후의 포크 〈그림 2〉
염력 보낸 2시간 반 후의 포크 〈그림 3〉

염력을 보내고 있을 때의 유리 겔러

화이트 오크 실험소 물리학
자 엘든버드(1973년 10월
23일), 켄트 주립대학 물리
학자 윌버 M. 프랑클린 박
사, 캘리포니아대학 보건대
학 연구소 델마 모스 박사,
웨스턴 켄터키대학 물리학
과 토마스 P. 쿠힐존 박사
(1974년 2월 14일), 영국 런
던대학 킹스컬리지 수학과
존 G. 테일러 박사, 기타 많

71) 출처 : C. Panati, *The Geller Papers*(Boston : Houghton Mifflin, 1976), p. 152.

염력을 보내고 있을 때의 유리 겔러의 뇌파를 재고 있는 과학자들

은 과학자들이 있다. 그는 유명한 학자들의 실험에 여러 차례 응했으며, 또한 TV 쇼는 일본에서 방영된 바 있으며, 한국(KBS TV 방송, 1984년 9월 24일)에서도 방영된 바 있다. 그 날 저녁 필자도 충남대학교 심령과학연구 회원 몇 명과 함께 여의도 TV 공개홀에 나가 앞좌석에서 유심히 관찰해 보았다. 그는 투시실험도 해 보였으며, 나침반의 바늘을 돌려놓는 실험도 했고, 무씨를 손 안에서 잠시 사이에 싹틔우게 하는 등의 실험을 하였다.

그가 고장 나서 안 움직이는 시계를 '가라' 라고 소리 칠 때 방청석 청중 과 전국 시청자들도 자기들의 시계를 들어 올리고 함께 소리치니, 정말 시 계가 가던 일, 또 스푼을 세워 들고 방청석 청중 및 전국 방방곡곡에 함께 따라 '굽어져라' 하니 구부러졌다고 전화해 온 사람들이 수 백명이었던 것을 기억하고 있다.[72)]

---

72) 미국의 유명한 마술사 제임스 랜디(1929~)나 한국의 강건일 박사 등은 유리 겔러의 쇼에서 보인 초 능력은 사기 마술이라고 하는데, 그날 전국 방방곡곡에서 유리 겔러를 따라 실험을 하여 성공한 사람 들 수 백명이 방송국으로 전화를 해 왔으며, 나의 은사 충남대학교 영문과 이영철 교수, 친구, 제자 등 측근들이 내게 제보해 왔다.

그 행사 이후에 경상북도 영덕에 사는 중학생 김성한 군이 1984년 11월 19일 경북도교육위 상황실에서 도지사, 교육감, 지방법원장, 대학총장, 대한초능력학회 회원 등 2백 여명이 지켜보는 가운데 한 시간여 동안 여러 가지 초능력을 펼쳐 보여 참석자들을 놀라게 한 일이 있었다.

그는 염력을 이용해 손에 쥐고 있던 날콩 20여개 중 6~7개를 3분만에 3~15cm 크기로 싹 틔웠다. 이어 나침반 바늘을 주먹 쥔 방향대로 마음대로 돌리는가 하면, 11시에 가 있던 시계바늘을 '돌아가라'는 수차례의 고함만으로 10시 25분으로 되돌려버렸다. [참고 : 대한초능력학회지 제1권]

14) 염사

염사는 염력으로(렌즈를 사용하지 않고) 건판이나 필름을 감광시켜 사진을 찍는 것이다. 염사는 1910년 11월 일본 동경대학 심리학과 조교수인 후쿠라이(福來友吉) 박사가 御船千鶴子(透視의 開祖)에 의한 투시실험을 확인하고, 12월 하순 長尾郁子(판사 부인, 念寫의 開祖)으로 하여금 투시

세계 최초로 염사를 발견한 후쿠라이(福來友吉) 박사 부부

실험을 시키다가 [현상하지 않은 건판의 글자를 읽어낼 수 있는가를 실험 중, 그 건판에 감광 흔적이 있으므로 염사를 시켜 보았었다] 발견한 대사건이다.[73]

염사의 원리는 물리적 원리와는 근본적으로 다르기 때문에 그는 많은 실험을 통하여 다음과 같은 획기적 이론을 발표했다.

가. 염(念)은 공간을 초월하므로 하나의 염상을 떨어져 있는 두 개의 건판에 각각 절반씩 동시에 염사할 수 있다.

나. 염은 쌓아놓은 다수의 건판 중 상하의 다른 건판에 영향을 주지 않고 목표한 어느 하나의 건판에만 염사시킬 수 있다.

다. 염은 공간을 초월하므로 지금 염사한 것이 며칠 후에 나타나기도 한다.

라. 염사는 의도한(현재의식의) 상이 아닌 잠재의식의 어떤 상이 찍히는 수도 있다(사진 참조).

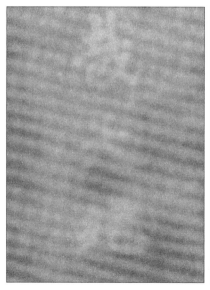

73) 高橋宮二,《千里眼問題の眞相》(東京 : 人文書院, 1933), p. 12.

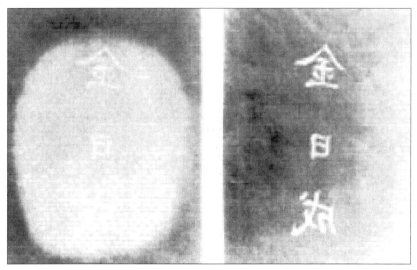

참조 : 앞 '가' 이론, 분리 염사의 예.

후쿠라이(福來) 박사는 1910년 12월 나가오(長尾) 판사의 부인에게 현상하지 아니 한 왼쪽의 사진 건판을 투시시키다가 염사됨(오른쪽)을 발견했다.[74]

다음은 후쿠라이 박사가 1911년 1월 모리다케(森竹鐵子) 양으로 하여금 현상하지 아니 한 좌(左)의 건판을 염사시킨 자료이다.[75]

본래 정신(염)은 시공간을 초월한다는 데 주목할 것이다. 앞에서 유리 겔러가 염력을 넣은 후에 스푼이 서서히 구부러짐을 보라.

74) 福來友吉, 《心靈と神秘世界》(東京 : 人文書院, 1932), p. 52.
75) 상게서, p. 104. *참고 : 북조선의 김일성 주석은 1912. 4. 15. 평안남도 출생으로 1994. 7. 8. 심장마비로 사망했으므로 염사 자료의 '金日成'(1910년 시료)은 북한의 김일성보다 오래 전에 존재했었음을 알 수 있다.

　일본의 대영능가 미다(三田光一, 1885~1943) 씨가 1916년 2월 8일 3척 (尺)쯤 떨어져 있는 두 장의 건판에 '至誠'을 염사한 바, 2월 10일에 두 개를 합치면 한 장이 되게 염사가 되었다. 이것은 정신이 시간과 공간을 초월함을 보이는 좋은 예이다. 그는 또 여러 개 쌓아놓은 건판 중 5·7번째 건판에만 염사가 되게도 했다.[76]

　위 사진은 후쿠라이 박사가, 1930년 3월 16일 사가(嵯峨)공회당의 400명 관중 앞에서 역시 영능가 미다(三田光一) 씨로 하여금 1200년 전의 인물 홍법대사(弘法大師)의 초상(좌측)을 실험적으로 염사해 보인 대사의 초상 (우측)이다.[77]

　또 하나 후쿠라이 박사가 영능가 다케우지(武內天眞)로 하여금 1914년 3월 21일 실험한 염사사진을 보면, 염사대상(target)이 속표지의 '大町桂 月 著《人の運》'이라는 표제 문구만을 찍도록 한 것이었으나, 현상해 보니

76) 福來友吉,《心靈と神秘世界》, p. 120.
77) 福來友吉,《心靈と神秘世界》, p. 127.
78) 福來友吉, 상게서, p. 112.

그 속표지의 서문까지 염사한 것이다.[78] 즉 그 책의 서문의 일부가(배경으로) 우연히 나타나 있다. 그 서문은 다케우지씨가 여러 번 읽었던 책이라 했다.

참조 : 앞 '라' 이론의 성립 예(잠재의식의 염사)

그러므로 후쿠라이 박사의 해석으로는, 염사 때 염사대상만 찍히는 것이 아니라, 그 영능자의 잠재의식에 있던 것까지 찍혔다고 본 것이다.[79] 염사가 사실임은 1910년대 후쿠라이 박사의 연구로 충분하나 1960년대 미국의 Ted Serios의 염사실험[80]에 의하여 염사가 진실임은 더욱 확증되었다.

미국의 내과의사 쥬르 아이젠버드 박사의 실험에 응하여 영능가 테드 세리오스가 실물(좌)을 염사한 것이다.[81] 세리오스는 미국 캔서스에서 태

실물사진

일부만 염사한 것

79) 상동서, pp. 114~116. '人運'이라는 문구를 염사하려 했는데 염사자의 잠재의식에 있던 문구들(배경 책)까지 나타났다.
80) J. Eisenbud, *The World of Ted Serios* (1968).
81) J. Eisenbud, *The World of Ted Serios* (New York : Simon &. 1968), pp. 185~186.

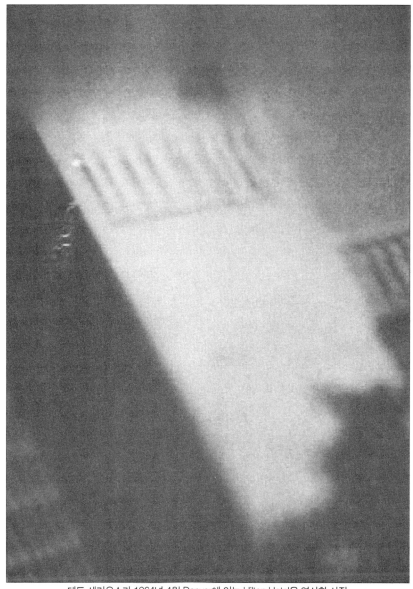

테드 세리오스가 1964년 4월 Denver에 있는 Hilton Hotel을 염사한 사진
[출처 : Eisenbud, 상게서, p. 234]

어나 별로 교육 받지 못한 사람으로 그의 탁월한 능력은 그의 40대에 폴라

◀ 테드 세리오스가 위 사진을 염사한 것(우), 실물
사진에서의 'CANADIAN' 이 염사한 데서는
'CAINADAN' 으로 되어 있는데 주목할 것
[출처 : Eisenbud, 전게서, p. 207.]

로이드 카메라 렌스를 정신집중하
여 응시함으로써 필림을 감광시켜
사진을 만들어냄에, 정신과 의사 J.
아이젠버드 박사에 의해 많은 실
험을 통하여 염사의 사실을 확인시켜 준 인물이다.

유리 겔러의 염사의 예

유리 겔러의 염사카메라 렌즈를 덮개로 막고, 다시 테이프로 밀봉한 사진기로 35밀리 필름 한 통을 다 찍었는데(좌의 그림과 같이 자기를 향하여) 그 중 10번 필름 한 장에 자기 모습(우)이 나타나다.

일본 후쿠라이(福來)심리연구소에서 발간한 '보고서'에서 후쿠라이 박사 자신이 발표한 다음의 염사이론은 중요한 것을 암시해 준다.

가. 염사는 능력자가 어떤 관념을 '염(念)함'으로써 일어난다.

나. 관념(Idea)은 단순한 표상(Vorstellung)이 아니라, 그 자체가 취화은(臭化銀)을 환원하는 작용을 가진 일종의 에너지이다.

다. 관념은 단순한 에너지가 아니라 에너지가 작용하는 공간을 규정하는 역할을 한다. 이런 점에서 관념은 또한 '요구'를 동반한 에너지이다.

마. 한 번 염이 만들어지면 그것은 오랫동안 인간의 잠재의식에 새겨진 채 남아 있어, 나중에 어떤 기회에 때때로 활동하여 동일한 형태의 염사를 행한다.

바. 이 염사실험으로부터 다음과 같은 가설을 제시한다.

염은 능력자(인간)의 육체를 떠나 활동하며, 물질에 변화를 줄 수 있다. 그러므로 사후(육체가 없는)까지도 염은 장구한 기간에 걸쳐 잔존할 것이다. 염사이외의 심령현상도 틀림없이 생자 또는 사자의 염의 작용으로 일어난다고 생각한다. 이러한 점에서 오늘날까지 일반적으로 사자의 영(Spirit)이라고 표현되어 온 개념을, 생자의 염과 똑같이 사후에도 역시 잔존하고 있는 '염'이란 말로 바꾸어 놓을 수가 있다. 따라서 생자의 염의 제성질을, 염사를 통하여 연구함으로써 영의 본질을 명확히 할 수가 있을 것이다.

15) 염사이론과 영

염상(念想) 즉 생각이 사진으로 찍힌다는 사실은, '정신 제2정리(定理) 2 : 생각(想念)은 실재이다(念卽實則)' 임, 즉 실체와 같은 것임을 입증하는 한편, 영이란 결국 상념적 실체임을 뒷받침해 준다. 그리고 심령사진이란 염사사진과 메카니즘이 같다는 생각을 갖게 한다. 상념이 사진으로 찍히므로 영계(상념계)인 영혼(상념체)이 사진으로 찍히는 것은 당연하다 하겠다.

상념적인 실체는 물질적 수준에서 볼 때에는 하나의 잠태(潛態) 또는 인태(因態)라 하겠다.

사. 제7항 염력은 만사에 영향을 준다

상념 즉 염력은 인간의 만사(모든 일)를 가능케 한다. 그러므로 정신 제1법칙은 제2법칙과 함께 인간의 만능법이다. 이것을 혹자는 인간의 황금법칙이라 했다.

앞에서는 상념(염력)이 마음에, 영혼에게, 신₁에게, 인체에, 식물에, 물체에게 영향을 준다는 사실을 보았다. 여기서 우리는 염이 만사에 영향을 주는 것을 본다. 정신에는 마음, 생각, 상념, 신념, 염력, 영력, 신₁력 등이 다 포함된다. 매사가 이 정신에 좌지우지, 흥망성쇠, 성패(成敗)가 달려 있으니 이 어찌 중요하지 아니 한가? 모든 게 마음먹기에 달려 있고, 인생의 성공실패가 정신에 달려 있으니 이를 어찌 소홀히 할손가?

독자들이여! 깨어나소서. 각성하소서. 심각히 받아 들이소서.

16) 신념이 운명을 바꾼다

사람들은 사업이나 출세가 운명이라고 믿고 있으나 마음(뜻)을 바꾸어 성공한 사람이 많다는 것을 알아야 한다.

*무엇을 원하는가를 아는 게 시작이다.

내가 무엇을 하려고 하나 혹은 무엇을 하고 싶은가를 알아야 하는 것이 신념이 서는 첫걸음이다. 만일 돈을 벌어야겠다 한다면 막연히 생각만 가지고 있어서는 효과가 없다. 단단히 결심을 하는 데서 시작해야 한다.

*무의식이 행동을 지배한다.

무엇인가를 단단히 결심하고 있으면 무의식적으로 자연히 그 방향으로 행동하게 된다.

*간절히 원하면 이루어진다.

어떤 소망이 있으면 그것이 피상적이어서는 안 된다. 참으로 마음 속 깊이에서 간절히 소망해야 이루어진다. 하늘도 도와준다.

*갖게 된다고 믿어라. 그러면 갖게 된다.

틀림없이 갖게 된다고 믿으면 결국 갖게 된다.

*보이지 않는 마음의 힘을 믿어라.

사람들은 마음의 힘을 느끼지 못한다. 마음도 에너지로 되어 있어서 믿으면 힘이 된다.

*자신을 가지면 이루어진다.

자신을 갖는다는 것은 신념이 강하다는 말이다. 신념이 강하면 이루어진다.

*파멸을 두려워하는 마음이 파멸을 부른다.

파멸은 말할 것도 없거니와 내 일이 될까 안 될까 의심을 한다거나, 안 될 것이라는 부정적인 마음을 가지면 일은 아니 된다.

*위대한 생각은 위대한 현실을 낳는다.

밤낮으로 높은 곳에 마음을 고정시켜야 한다.

긍정의 힘[82] : 몸집이 크고 힘이 센 닉은 조차장(철도에서 객차나 화차를 연결 · 분리하며 조절하는 곳)에서 오랫동안 일했다. 그는 항상 정시에 출

---

82) 죠엘 오스틴, 정성묵 역,《긍정의 힘》pp. 88~90.

근하고 믿을 만하며 열심히 일하는 데다 동료 관계까지 좋아서 나무랄 데 없는 직원이었다. 그런데 그에게는 큰 문제점이 하나 있었다. 항상 부정적인 태도에 빠져 있다는 것이었다. 그는 매우 비관적인 사람이었다. 언제나 최악의 상황을 상상하면서 두려워했고 언제 불행이 닥쳐올지 모른다며 안절부절 못했다.

어느 여름날 저녁, 한 직원의 생일을 축하하기 위해 퇴근 시간을 한 시간 앞당겼다. 시간이 되어 모든 승무원이 파티 준비를 위해 집으로 갔지만 닉은 보수를 위해 조차장으로 들어온 냉동 열차 안에 사고로 갇히게 되었다. 이 냉동 열차는 비어 있었고 다른 열차에 연결되어 있지 않았다.

자신이 냉동열차 안에 갇혔다고 깨달은 순간 닉은 공포에 사로잡혔다. 그는 팔과 주먹에 피멍이 들 정도로 문을 두드리고 소리를 질렀지만 동료들은 이미 모두 퇴근한 후였다. 그 사실을 아는지 모르는지 닉은 목이 쉴 때까지 외치고 또 외쳤다.

그러다가 문득 자신이 냉동 열차 안에 있다는 사실을 기억했다. 그렇다면 안의 온도는 영하 30℃ 정도, 아니면 그보다 더 낮을 것이 분명했다. 그런데도, '도대체 어떻게 해야 하지? 여기서 나가지 못하면 분명 얼어 죽고 말 거야. 이 추운 곳에서 밤새 견딜 수는 없어.' 생각하면 할수록 더 추워졌다. 문이 꽉 닫혀 숨쉬기가 곤란하고 빠져나갈 방법도 없는 상황에서 그는 바닥에 주저앉았다. 그리고 추위 아니면 질식으로 죽음이 찾아오기만 넋 놓고 기다렸다.

그러다가 자신의 상황을 기록해야겠다는 생각이 들었다. 그래서 셔츠 주머니를 뒤졌더니 펜이 한 자루 있었고 구석에 낡은 마분지 한 장이 보였다. 거의 주체할 수 없을 정도로 몸을 떠는 와중에도 그는 긴박한 상황을 적어 내려갔다.

"너무 춥다. 몸이 마비된다. 빨리 나가지 않으면 아마도 이것이 내 마지막 글이 될 것이다."

그의 말처럼 그 글은 닉의 마지막 자취가 되었다. 다음날 아침에 출근한 승무원들이 냉동 열차의 문을 열었을 때 닉은 구석에 쪼그린 채 죽어 있었다. 부검 결과 동사였다. 그런데 경찰 조사에 따르면 닉이 갇혀 있던 냉동 열차는 전원이 켜있지 않았다! 사실 냉동열차는 꽤 오랫동안 고장이 나 있었고 닉이 죽을 때 역시 기능이 정지된 상태였다. 따라서 닉이 얼어 죽던 날 밤에 냉동 열차 안의 온도는 보통 실내 온도보다 약간 낮을 뿐이었다. 닉은 냉동 열차가 가동하고 있다고 믿은 나머지 추위를 느끼고 몸이 얼어 붙었다. 스스로 죽음을 기대한 것이다. 닉은 생존 가능성이 없다고 확신했다. 오직 최악의 상황만 그의 눈에 들어왔다. 이젠 꼼짝없이 죽었다고 생각하는 순간, 즉 마음 속 전투에서 패한 순간 현실의 몸도 서서히 죽어가기 시작했다. 닉이 두려워했던 일은 현실에서 그대로 나타났다. '인생은 스스로 이루어지는 예언' 이라는 옛말이 그에게 그대로 적용되었다. 우리 인생도 마찬가지다. 요즘에도 닉처럼 늘 최악의 상황과 패배, 실패, 그저 그런 삶을 기대하는 사람이 많다. 대개 이들은 기대하면 기대한 만큼 거두며 믿는 대로 된다.

믿음이란 건설적으로 쓰일 경우 생산적인 효과를 안겨 준다. 그러나 악용될 경우 그것은 모든 정신 반응 형태 중에서 가장 파괴적인 것의 하나가 되어 갖가지 비참, 실패, 질병 등을 일으킬 수 있다.

지속적으로 희망적인 일에 전념하라.
포드 : 상념을 집중하면 거기에 영지적 소생명체를 끌어당기는 중심 자석을 생기게 한다. 예를 들어 어떤 사업에 상념을 집중시킨다면 그 상념의 자력(磁力)으로 그 사업을 성취시키는 데에 필요한 모든 요소가 모여온다. 지향하는 바를 크게 그리고 끊임없이 생각한다면 그 사물은 끌려오게 마련이다. 우리가 여러 가지 사업을 해보아도 성공을 거두지 못하는 것은 그 지향하는 바를 항상 그리고 끊임없이 강한 열의로 생각하지 않기 때문이다. 지향하는 사물을 끌어당기자면 그에 관한 생각을 중단하지 않고 끈기 있게 그 희망과 열의를 지속시켜야만 한다.
성급하게, 곧 실망을 한다면 안 될 말이다. 그 사물을 성취시키는 데 적

당한 조건을 끌어들이는 데에는 3~4개월이 걸리는 경우도 있으며 때로는 6개월이 걸리는 일도 있다. 어쨌든 상념을 장기간 지속적으로 집중시킨다는 것이 필요한 사물을 끌어들이는 자력이 되는 것이다.

요컨대 그 사물을 성취시키는 데 필요한 요소—영지적 생명체—가 그 사람의 주위에 몰려와서 그것이 자연적으로 그 사물의 성취를 위해서 작용해 주는 것이다. 지속적으로 지향하는 사물에 상념을 계속 집중시키면 사물 그 자체는 단지 그것만으로 완성되는 것이다. 그것은 상념이 실체이기 때문이다. 상념이 곧 사물이라고 해도 좋다(정신학 제2정리 참조).

기자 : 상념은 힘이다. 유(類)는 친구를 부른다. 종류가 같은 생각은 같은 종류의 사물을 만든다. 그러므로 자기 사상을 성공으로 이끄느냐, 실패로 향하게 하느냐, 광명으로 향하게 하느냐, 암흑으로 돌리느냐에 따라 사람의 생애는 결정된다고 우리는 항상 말하고 있다. 이 주장에는 아마 당신도 찬성할 것이다. [제6장 경제문제의 해설, pp. 247~248]

마음 속으로 간절히 원하면 이루어진다.
윤은기 박사는, 『신동아』(2008년 10월호, p. 633)에서 이렇게 쓰고 있다. 인간은 마음 속으로 간절히 원하면 실제로 실행 가능성이 높아진다. 그래서 기도하고 목욕재계도 한다. 마음의 힘을 모으는 '염력'은 요즘 심리학적으로도 그 영향이 입증되고 있다. 이 염력을 극대화하기 위해서는 구호를 외치는 것도 좋은 방법이다. 농구나 배구 경기에서 선수들이 파이팅을 외치는 것도 염력과 팀워크를 다지기 위한 것이다. '아차', '아싸', '나이스'를 외치는 사람은 성적이 좋아지고, '아이구', '어렵쇼', '미치겠네'를 외치는 사람은 자멸한다는 것을 알라.

또한 윤 박사는 『신동아』(2008년 11월호, p. 379)에서 "믿어라 그러면 길이 보인다." 제하에 골프에 임하는 자세에 대하여 언급했다.

골프는 마음의 스포츠다. 믿으면 성공하고 의심하면 실패한다. 먼저 자신의 마음을 믿고 팔을 믿어야 한다. 필드에서 성공하려면 온갖 의심부터 버려야 한다.

《신념의 마력》[83] 차례

1장 신념이 운명을 바꾼다.
　　*무엇을 원하는가를 아는 게 시작이다.
　　*무의식이 행동을 지배한다.
　　*간절히 원하면 이루어진다.
　　*갖게 된다고 믿어라. 그러면 갖게 된다.
　　*보이지 않는 마음의 힘을 믿어라.
　　*자신을 가지면 이루어진다.
　　*파멸을 두려워하는 마음이 파멸을 부른다.

2장 마음, 모든 힘의 근원
　　*사람은 자기 생각의 산물이다.
　　*인간의 정신만큼 위대한 것은 없다.
　　*원하는 것을 명확하게 결정하라.
　　*욕망은 행동의 원동력이다.
　　*믿음은 산도 움직인다.
　　*생각은 마음의 진동이다.
　　*실재하는 잠재의식의 힘.
　　*불가사의한 힘, 신념

3장 잠재의식, 문제 해결의 힘
　　*마음의 이중 구조, 현재의식과 잠재의식
　　*잠재의식은 경험과 지식의 저장고이다
　　*잠재의식은 믿는 자를 위해서만 움직인다

4장 암시, 자기 긍정의 힘
　　*역사 속에서 확인하는 암시의 위력
　　*반복적인 암시는 불가사의한 힘을 지닌다
　　*능력보다 중요한 것은 마음의 태도이다

---

83) 브리스톨, 《신념의 마력》(정음사, 2005).

*성공의 힘은 오직 믿음에서 나온다.

*마음 속에 성공의 그림을 먼저 그려라

*잠재의식의 힘은 우연이 아니다

*생각한 대로 결과를 얻는다

5장 마음의 그림그리기, 성공을 끌어당기는 힘

*마음 속의 장애물을 제거하라

*마음 먹은 대로 흘러간다

*두려움은 상상에서 시작된다.

*욕망을 눈 앞에 그려라

*진정으로 원하는 것은 말하지 마라

*기대한 만큼 얻는다.

*반복은 모든 진보의 리듬이다.

*행동이 따르지 않는 신념은 죽은 것이다.

6장 신념의 마력을 믿는 자에게 부가 따른다.

*좋아하는 일을 하라

*내가 받고 싶은 대로 행하라

*잘 가꾼 외모가 자신감을 끌어온다

*긍정적인 암시가 질병을 치유한다

*정신의 힘은 시공을 초월한다

*좋은 일만 일어날 것이라고 스스로에게 주문을 걸어라. 그리고 그 주문의 위력을 지켜보아라.

차동엽 신부는 동서고금을 통틀어 빛을 남긴 정치가, 사상가, 기업가, 종교인, 예술인들을 행복과 성공으로 이끌었던 긍정적 사고, 미래에 대한 비전, 포기하지 않는 의지 등을 오랜 시간 연구하고 강연과 상담, 교육을 통하여 진정한 행복과 성공에 이르는 자기 계발 비법 《무지개 원리》(위즈엔비즈 간, 2007)를 완성했다.

신념은 실현된다

*마음은 모든 힘의 근원이다 [《신념의 마력》, p. 46].

*정치, 사업이나 학문에서 성공한 사람들은 생각으로 성공한 것이다. 어려서 또는 젊을 때부터 집념을 가지고 꾸준히 노력하면 결국에는 이루어진다. 국회의원이나 대통령이 된 사람들도 모두 그 집념에서 이루어진 것이다.

*믿음은 사실을 만든다.

*생각을 바꾸면 믿음이 달라진다. 믿음이 달라지면 기대가 달라진다. 기대가 달라지면 태도가 달라진다. 태도가 달라지면 행동이 달라진다. 행동이 달라지면 인생이 달라진다.

*생각하지 못한 일은 이룰 수가 없다.

*슈바이쳐 박사는 다음과 같이 말하였다. "우리 시대의 가장 위대한 발견은 인류가 마음가짐(생각)을 바꿈으로써 자신의 삶을 변화시킬 수 있다는 것이다."[84]

마음, 모든 힘의 근원

*사람은 자기 생각의 산물이다.

현재의 자기는 어린이든, 어른이든, 노인이든 간에 모두 자기 생각이 이루어온 결과인 것이다. 부자가 됐건, 출세를 했건 그 모든 것은 자기 신념이 가져다 준 것이다.

*인간의 정신만큼 위대한 것은 없다.

모든 것은 내 안에 있다. 마음은 모든 힘의 근원이라는 것을 깨달아라.

*원하는 것을 명확하게 결정하라.

진실로 원하는 것이 있으면 생생히 머리 속에 그리고 자나 깨나 생각하라. 그 원하는 것이 마음 속에 희미하면 원하는 것이 아니다.

*욕망은 행동의 원동력이다.

---

84) 샤피로, 《마음으로 몸을 고친다》, p. 36~37.

무엇을 가지거나 누리고자 탐하는 마음이 우선 있어야 행동하게 된다.

*믿음은 산도 움직인다.

어떠한 것을 믿을(강한 신념으로) 때 아니 되는 것이 없다. 이때의 믿음이란 종교적 신념을 말한다. 신앙은 존재 이유가 여기에 있는 것이다.

'믿으면 어떤 것이든 이루어진다'는 게 모든 종교의 교리(敎理)이다.

*생각은 마음의 진동이다.

생각은 에너지의 파(波)이다.

그러므로 마음은 진동한다. 강한 마음(생각 즉 염(念))은 강한 신념파는 모든 물체(사물)에 영향을 주는 것이다.

*만물은 생각하는 대로 움직인다.

만물을 움직이는 주체는 인간이다. 기계를 만들고 움직이는 것은 사람이다. 여기 있는 것을 저리로 옮기거나 사용하는 것처럼 나는 타인을 움직일 뿐만 아니라 물건 또는 물질, 마음 등을 움직이게 할 수 있다. 심령과학에서 보는 바와 같이 마음으로 스푼을 구부리고 멈추어 있는 시계를 가게 한다.

고도에 달하면 못 하는 것이 없는 것이 인간의 정신인 것이다.

*실재하는 잠재의식의 힘.

감각기관을 통해 보고 듣고 말하고 느끼는 현재 의식과는 별도로 우리의 사상과 감정과 행동을 형성하면서 끊임없이 작동하는 힘, 그것을 잠재의식이라 한다. 그를 내적인 힘, 초의식, 무의식이라고도 한다. 그 힘이 기적을 가져 온다.

*불가사의한 힘, 신념.

알 수 없는 어떤 힘, 즉 신념이 우리의 발명, 명곡, 명시, 명소설을 지어내게 하는 것이다. 그 힘을 마력이라고 한다.

3. 정신 제3법칙

1) 염력강화법

정신력 즉 염력은 어떻게 강화되는가? 여기서 염력(에너지)의 강화법에 대하여 알아보기로 한다.

나는 이를 '정신 제3법칙 염력강화법(念力强化法)'이라 한다. 염력을 가장 용이하게, 그리고 단 시간에 강화할 수 있는 방법은 다음 네 가지로 요약된다.

제1법 : 단일한 상념을 강하게(기도, 차력하는 식으로) 집중하면 커진다.(集中法)

상념을 일시에 집중하면(예 : 정신통일, 열띤 기도, 눈으로 그리는 등) 강도는 세어진다. 즉 어떤 하나의 상념을 선(禪)식 혹은 기도하는 식으로 진심에서 심층의식(잠재의식) 속에서 전심(全心)으로 집중시키면 염력이 강화된다. 참선법, 신상관법, 단법(丹法) 수련도 이 법의 응용이다.

제2법 : 동일한 상념을 여러 번 반복하면 그 강도는 커진다.(反復法)

동일한 상념을 몇 번이고 반복하면 그 강도가 커진다.

제3법 : 동일한 상념을 일시에 여러 개 합치면 커진다.(團合法)

어떤 일을 하는 데 혼자서의 상념(노력)만 가지고 하기보다는 주위 사람들의 상념의 도움(기도, 노력, 정신적 보조 등)을 받으면 훨씬 능률이 오른다. 겔라효과를 내는 데도 순진무구한 어린이들이 손잡고 동일한 '외침'을 해주면 성공하는 것을 본다.

제4법 : 어떤 상념을 말로 표현하면 더 커진다.(言助法)

말을 한층 힘차게 외치면 더 더욱 커진다.

차력술사, 운동선수들이 말로써 기압을 넣는 것을 보았을 것이다. 염이 에너지인데 말도 또한 에너지이므로 큰 소리로 할수록 강화된다.

그러나 위에서 말하는 강도와 효과의 관계는 물리법칙과는 다르다. 가령 물리에서는 동일한 것이 반복되면 그 강도가 일반적으로 그 수만큼 증대되거나 동일한 힘이 여럿 합쳐지면 비례적으로 증대되지만, 정신력에서는 반드시 그렇다고 볼 수 없다. 바꾸어 말하면, 물리에서는 언제나 $1 + 1 + 1 + 1 \cdots n = n$ 개의 정수가 되는 것이 원칙이나, 정신에서는 $1 + 1 + 1 + 1 \cdots n =$ 부정수(不定數)로 나오는 것이다. 즉 2일 수도, 5일 수도, 10일 수도, n일 수도 있다는 말이다. 그것은 정신에서는 수나 양보다 질(내용)이 문제가 되기 때문이다. 정신수학이 근본적으로 달리 정립되어야 하는 까닭이 바로 여기에 있다. 특히 이 정신적 강도는 의지적이기보다는 감성적인 면이 크게 작용하는 것으로 보인다. 그러므로 정신적으로 영향을 주기 위해서는 인식적인 행위보다 감성적인 행위가 훨씬 효과적이다.

이 원리는 최면술 등에서도 증명되고 있다. 물질적 공명(共鳴)은 파장이 맞는 것이겠으나, 정신적 공명은 그 내용 특히 감정이 맞아야 할 것으로 생각된다. 내용과 감정이 맞을 때 더욱 정신적 파장도 잘 맞으리라 생각한다.

소원이나 비전이나 원망(願望)이 커지려면 그 목표하는 것을 눈으로 생생이 그리는 것이다. 상념이 실재라고 했으므로 눈으로 그리면 한층 실재성이 두드러져 온다. 이 방법은 상념의 집중법에 포함된다.

상념은 실재이지만 말이 주어지면, 즉 지시(에너지의 상)가 내려지면 제1법칙이 한층 쉽게 현실화된다. '말하면 말하는 대로 된다'는 이런 의미이며, '말은 상념(염력)을 강화한다', '지시(암시)는 힘이다'[85]라는 말은 옳은 말이다.

상념이 에너지인 데다가 말(言語)은 상념의 표시로 역시 에너지이므로,

---

85) 브리스톨, 《신념의 마력》, p. 92.

말은 강화된 힘이 되어 심물(心物)을 변화시킨다. 그러므로 마음으로만 생각을 품고 있는 것보다 그를 말로 표현하면 정신 제1법칙이 더욱 쉽게 현실화 된다. 성서에서 '빛이 있으라' 하니 빛이 있었다는 것은 이 법칙의 응용이며, '귀신도 말을 해야 알아 듣는다' 는 것도 이에서 나온 말이다. 때문에 신자들은 기도를 할 때 말로 하며, 제사 지낼 때 소리를 내어 축을 읽는 것이다. 바로 정신 제3법칙이 필요한 이유이다.

또 우리의 말들은 씨앗과 같아서 발아하고 성장한다. 말의 씨앗은 몸 안에 뿌리를 내리고 뻗어나가서 근육과 홀몬, 신경과 순환계를 조절해(만들어) 간다. 레리 도시 박사는 자신의 건강이 나쁘다고 생각(말)하는 사람은 자신의 건강이 아주 좋다고 말하는 사람에 비해 7배나 사망률이 높다고 하였다. 삶을 연장시키기 위하여 투지를 불태우는 환자들은 수동적이고 무기력한 태도를 가진 환자들보다 더 빨리 회복된다. 우리가 병이나 삶에 대해 생각할 때 자신이 통제할 수 없다거나 극복할 수 없는 장애물에 부딪혔다고 생각(말)하면 우리의 에너지는 치료되는 방향으로 나아갈 수 없고, 생동감 있는 삶의 의지가 육체에 전달되지 못한다. 질병이나 삶을 더 깊이 있는 자아와 만날 수 있는 기회로 알고 받아들일 때 치료를 위한 에너지는 더 커질 수 있다.

염력 실험을 할 때, 가령 스푼 구부리기, 가는 시계 멈추기 등을 할 때, 또는 차력사, 운동선수, 기합술사 등이 힘을 모을 때 큰 소리로 외치면 훨씬 능률이 오르는 것을 볼 수 있다. 말의 에너지가 능력을 강화시켜 주기 때문이다.

사람이 심적 충격을 받으면 영자(靈子)의 주파수가 달라진다. 무섭게 놀라면 정신이 이상해질 뿐 아니라 사망하는 수도 있다.[86]

정신력이 어떤 일을 실현하는 방법을 보자.

① 정신력이 강하면, 자기 상상(생각)을 자기의 물질적 능력을 동원하여 그를 실현하는 방법이다. 인간이 달나라에 가고 싶은 집념이 강하면, 자기

---

86) 흔히 '피가 놀란다' 는 말을 한다. 실제 너무 심적 충격으로 놀라면 '피가 놀라서' 백혈병이 생기지 않나 라고 나는 생각한다.

지식, 기술, 자원, 에너지 등을 총동원하여 실현하는 것이 그것이다.(현실적 방법)

② 자기의 집념 또는 소망이 강하면 타인의 정신에 감응되어 그것이 이루어지는 경우이다. 어떠한 물건, 애인, 지위가 갖고 싶다는 집념이 강하면, 주위의 정신이 감화하여, 그러한 것을 가져다주는 경우이다. 이를 흔히 '신₂이 가져다주는 선물'이라고 하는데 신₂이 정신이라는 의미에서 그러한 말이 맞는다고 생각된다. (반(半)현실적 방법)

③ 이는 순전한 정신력에 의하여 직접적으로 순간적으로 현실화하는 것이다. 예를 들면, 영의 물질화나 염사나 물체제조 등이 그것이다. 예수가 물로 술을 만들었다든가, 물고기 두 마리와 빵 다섯개로 수 천 명이 먹고도 남게 했다든가, 태초에 사람을 흙으로 빚어 숨을 불어 넣어 만들었다든가 하는 것 등이 모두 그것이다. (초현실적인 방법)

2) 상념의 실효성

보통사람들은 누군가가 A라는 물체에 X라는 상념을 가했을 때, 물체 A가 외견상 변화가 없다고 보아 아무런 변화가 없는 것으로 알지만, 그것은 잘못이다. 상념은 에너지인 데다가 정신학 제2정리에서 보였듯이 존재(실존)이므로, 물체 A에 상념 X를 가하면 A는 변함이 마땅하다. 보이지는 않지만 변하는 것이다.

예를 들어 신부(神父)가 미사 때 성체성사에서 포도주를 들고서 진정한 큰 소리로 '이것은 그리스도의 피!'라고 했다면, 그 포도주는 보통의 포도주와는 이미 다른 것이 되는 것이다. 내가 어느 책에서 본 이야기인데, 어떤 신부님이 성사시 물 담긴 성작(聖爵)을 들고서 '그리스도의 피'라고 하면 정말 성혈이 되는가가 참으로 의심스러워 성사 중 그 성혈을 성당 바닥에 떨어뜨려 봤다. 그랬더니 정말 바닥에 새빨간 피가 낭자하여 보는 사람들이 놀랐다고 한다.

속담에 '막대기를 하나 세워 놓고 날마다 절을 하면 그 곳에 귀신이 붙는다'고 하는 말이 있다. 산을 넘어 가다가 어느 소나무 밑에 사람들이 돌을 한 개씩 던지며 신심을 넣어 서낭당을 만들어 놓으면, 역시 그 곳에도 귀신이 생겨나는 것이다. 또한 그러한 식으로 사람들이 염력을 아니 주더라도 집안에 큰 고목(특히 은행나무)이 있으면 좋지 않다는 설이 있는데, 그 역시 무엇이 오래 되면 귀신이 붙는다는 생각에서이다. 물체가 홀로그래피 현상을 보이고 있으므로 장구한 세월을 보내면 많은 정보를 가지게 됨으로 있을 법한 이야기이다.

*말을 바꾸면 세상이 바뀐다. 우리의 말은 자신에게 하는 예언이다. 우리가 한 말에 생명을 부여하면 우리의 행동은 그대로 따라간다. 성경에도 "죽고 사는 것이 혀의 권세에 달렸나니 혀를 쓰기를 좋아 하는 자는 그 열매를 먹으리라"(잠 18 : 21) 했다. 우리의 혀, 즉 말에는 불가사의한 힘이 있다.

*흔히 경험하는 일로 친구나 지인을 만났을 때 건강한 상태인데도 불구하고 "얼굴빛이 안 좋은데, 어디 아파?"라고 하면 그 소리를 들은 사람은 "그런가?" 하다가, 또 다른 친구가 똑 같은 소리를 하면 정말 내가 환자인가 싶다가, 몇 번이나 더 그런 소리를 들으면 그런 말을 듣는 친구는 정말로 환자가 되어 버리는 것을 종종 볼 수 있다. 물리적이 아닌 정신에 의해 생사람을 환자 만들기도 이렇게 쉬운 것이다.

영혼론

I. 영혼의 실존

1. 영혼실존관

인간이면 누구나 한 번 이상 죽음에 대하여 생각해 보았으며, 오랜 옛날부터 영혼이 있다고들 전해 오지만 어떻게 확인할 방법이 없음을 심히 유감으로 생각한다. 죽었다가 되살아 왔다는 사람의 이야기를 들으면 정말 저승(영계)이 있다고 하고, 불교에서는 윤회설(죽은 영혼이 사람이나 다른 어떤 동물로 환생한다는 설)이 있고, 기독교에서는 천당이 있다고 한다. 샤머니즘에서도 마찬가지이다. 영혼이 실재한다는 것을 믿고 있다. 그러나 이러한 종교나 학설에서 영혼이 있다고 아무리 떠들어대도 자연과학에서는 실험적으로 증거를 찾지 못했고, 보통 지식인들도 실존설에 귀를 기울이면서도 자신이 경험해 보지 않았으므로 도저히 믿지 못하거나 반신반의한다.

내가 1975년 한국의 농촌 도시 전역의 중학생 이상 노년 남녀(지식인 포함) 3,000명을 상대로 설문조사한 결과 '영혼이 있다' 고 생각하는 사람이 54% 이상이었다. 일본의 심령 연구가 나가오카(中岡俊哉) 씨가 1972년 가을 일본인들 500명을 대상으로 조사한 바에 따르면 영혼이 실존한다고 보는 사람이 46.7%였다고 한다.

2. 영혼이란

일반적으로는 영혼을 2가지 종류로 구분한다.

① 영혼은 육체에서 자유로워 인간이 생명을 유지할 수 있는 힘의 원천이며, 개인의 인격적 자아를 보장한다. 사람이 죽으면 육체를 떠나 영계로 들어간다. 그러므로 죽은 자의 영혼은 산 사람의 영혼만큼 무수히 많으며, 가끔 현세에 나타나 앞으로 일어날 일을 예언하기도 하며, 산 사람들에게 영향도 준다.

② 신체와 결부되어 있는 영혼으로 이 영혼은 인간의 감정이나 지성 등과 같은 의식작용을 지배한다. 사람이 죽으면 활동을 멈춘다.

기독교의 영혼개념은 영육일원적인 영혼관에서 탈피하여 영혼을 육체와 달리 초인간적이고 영원한 성격을 지닌 실체로 파악하였다. 이러한 영혼은 신의 속성을 가지고 창조되었기 때문에 육체의 힘으로도 파괴할 수 없으며, 앞으로 재림할 그리스도가 구원할 대상이기도 하다.

불교는 우주만물의 영속적 실체를 인정하지 않는 무아설(無我說)을 주장하기 때문에 기본적으로 영혼의 존재를 인정하지 않으면서, 한편으로는 중생 윤회설을 주장한다. 즉 전생의 영혼은 자신이 지은 업에 따라 다음 생에 다시 태어난다는 것이다.

유교의 경우에는 음양(陰陽)으로 일컬어지는 기(氣)의 작용으로 생긴 혼백(魂魄)을 영혼으로 본다. 혼과 백은 인간을 구성하는 요소인데 죽음과 함께 각각 하늘과 땅으로 흩어진다. 혼백은 기의 굴신(屈伸) 작용으로 귀(鬼)와 신₂(神)이 되어 인간에게 영향을 끼치기도 한다고 보았다.

현대 물활론(物活論)은 영혼을 모든 정신현상과 동일한 것으로 본다. 이 이론에 따르면 영혼은 물질의 한 속성에 불과한 것으로 인간의 뇌(腦)에서 일어나는 작용에 의하여 생긴 제반 정신활동에 지나지 않는다. 그러므로 육체를 떠나 자유롭게 활동하는 영혼의 존재를 인정하지 않는다. 심리학자 칼 G. 융(1875~1961)은 영혼을 인간의 외부에서 내부로 들어와 생명의

원리로 작용하는 실체로 정신과 다르다고 하였다. 그에 따르면 영혼은 ①
스스로 자발적인 운동과 활동을 하며, ② 감각적인 지각에 의존하지 않고
이미지를 산출할 수 있는 능력이 있고, ③ 이러한 이미지들을 자율적으로
조절할 수 있다고 보았다.

필자가 30여년간 연구한 바에 의하면 영혼은 실존하나, 종래의 일반인
들이 생각하는 영혼관이나 근대 심령가들이 연구·발표한 영혼관과는 근
본적으로 차이가 있다.

동양철학에서는 이미 수 천년 전부터 기·역론에서 자연을 대우주라 하
고 인간은 소우주라고 보아왔다. 앞서 우리는 제1장 정신의 정의(定義)에
서 벤토프는, '물질은 의식을 담고 있다' 혹은 '물질이 곧 의식이다'[87]라
고 보고, 결론적으로, '지구는 거대한 의식체이며, 인류의 의식의 총합은
이 거대한 의식체의 작은 부분에 불과하다'[88]고 한 점, 데이비드 봄이 '우
주가 초대형 컴퓨터임은 홀로그램 우주설[89](사물의 전일성설)을 제기한
것'에 주목할 것이다. 또 텔보트가 '홀로그램 우주에서는 의식이 모든 물
질 속에 편재해 있으며, 의미는 정신세계와 물질세계 양쪽에 모두 존재하
여 작용하고 있다.'[90] '우리가 만져 알 수 있는 대상들은 생명이 없는 것이
아니라 그것의 고유한 형태의 의식으로 채워져 있을 것이다. 그것은 우주
로부터 따로 떨어져 존재하는 사물이 아니라, 만물의 상호연결성의 일부
가 되어 그것과 접촉하는 모든 사람들의 생각과 연결되고, 사물 속에 편재

---

87) 벤토프,《우주심과 정신물리학》, p. 237.
물질은 자성으로 '기억'(holography)기능을 갖고 있다. 베커/셀든(《생명과 전기》)은 "몇몇 연구자들은
초감각적 지각에 대한 유망한 근거로 전자기장을 주목하기 시작했다"(p. 336)고 하고 있다. 사실 우리
의 마음은 전자기장에 영향을 주기 때문에 초상현상을 일으킨다. 참고 : 김봉주의 〈정신법칙〉(《심령
과학도감》중).
88) 상게서, p. 239. 오늘날 과학자들의 학설은 지구가 하나의 유기체라는 쪽으로 기울고 있다는 것, 그리
고 식물에도 의식(감정)이 있다는 것을 실험적으로 보여주는 〈박스터효과〉 등은 일찍이 동양에서의
범신론 혹은 불교에서의 '만물유정론'을 과학적으로 입증하고 있다.
89) 노벨 수상자 데이비드 봄도 '부분 속에 전체의 정보가 모두 저장되어 있다'고 주장했다. 그는 이 원
리를 우주에까지 적용시킬 수 있다고 하고 하나의 패러다임으로 소개했다. [김상일,《현대물리학과
한국철학》(고려원, 1991), p. 103.
90) 텔보트,《홀로그램 우주》, p. 208.

해 있는 의식과 연결되며, 감추어진 질서를 통해 자신의 과거와 연결되어 있을 것이다.'[91]라고 한 말에 주목할 것이다.

이 견해로부터 필자는 초대형 컴퓨터인 우주와 그 일부분인 인간들은 PC라고 확신한다. 더구나 우주 또는 지구가 의식체이며 인간 등 만물이 신2성(神性 ; 범신론 참조)을 가지고 있음이 인정된다. 그러므로 나는 정신이란 전자적(電磁的) 고(高)에너지로서 사물의 정보를 자율적으로 입 · 출력하며, 종합 · 판단 · 추리하여 대내외적으로 영향을 미치는 작용 또는 그 집합체라고 이미 정의한 바 있다. 그리고 다음과 같이 설명하였다. [제1장 '정신의 정의' 참조]

우주만물은 에너지양자의 변형이다. 그런데 에너지양자란 일찍이 동양에서 관조(觀照)한 기(氣)이다. 기는 전자기성(電磁氣性)과 타키온성을 가지고 있으며 파장으로 이루어져 있다. 또한 기(氣)는 외형적인 면과 내용적인 면을 가지고 있어서, 외형성은 물질적인 것을 반영하고, 내용성은 반(反)물질적인 것, 정신적인 것을 반영한다. 이는 궁극적으로 기(氣)의 정보 보유성, 타키온성을 인정하는 것으로 기는 온 누리에 충만해 있다. 그것을 식성(識性)이라 한다.

이 성질을 우리는 컴퓨터에 비유할 수 있다. 컴퓨터는 전자의 이동에 의해서 작동되는 것으로, 입력과 출력이 인위적으로 행해지는 것이나, 자연 만물에서는 입력(入力)과 출력(出力)이 자동적으로 행해진다 ['홀로그램 우주' 를 참조]. 따라서 만물은 그 자체 컴퓨터와 같아서 끊임없이 입력과 출력을 계속하고 있는 것이다. 입력의 내용이 쌓여져서 그 총합(總合)이 그 개체의 본성, 즉 개성이 이루어진다. 하나의 인간이, 한 송이의 꽃이, 한 덩이의 돌이 그 자체인 것은 그만한 역사와 내력으로 이루어지는 것이다. 그러한 역사(내력 즉 정보의 축적)만 가지면 그 물체는 그만큼 독특한 파장을 갖는다. "우주의 본질은 기(氣)의 진동이요 만유의 본 모습은 그의 파

---

91) 텔보트, 상게서, p. 209.

장이다"고 한 것은 이를 말함이다.

만물(萬物)이 기의 변형임은 이것에서 충분히 알 수 있다. 따라서 우리는 여기서 두 가지의 원리를 추측하게 된다. 그 하나는 라디오나 TV가 전기에 의하여 소리와 영상을 보내고 받는 이치와, 또 하나는 컴퓨터의 온라인체계이다. 물체나 인간 각자는 라디오나 TV의 각 주파수(周波數=波長數) 또는 파일, 개개인은 컴퓨터단말기(PC)에 비유된다.

그러므로 온라인조직은 각 인간의 심층심리(잠재의식) 상태의 연결에 비유된다. 무의식인 사람, 또는 죽은 사람은 집합의 무의식, 즉 의식활동의 우주적 배경과 연결된다고 보는 것이다.[92]

이것은 인간의 마음을 설명한 것이지만, 이로부터 우리는 영혼이라는 것도 추리할 수가 있다. 즉 '우리는 개개인 하나의 컴퓨터로서 전자기의 에너지에 의해 작동되는 것으로, 오감(五感)에 의하여 입력과 출력이 자동적으로 행해진다. 생전에 입력의 내용이 쌓여지고 연산하고 저장하고 있는 그 총합(總合)에 의해 그 사람의 개성 즉 인격이 이루어지며, 한 인간의 자질 자체인 것은 그의 삶의 역사와 내력으로 나타나며 그것이 DNA가 된다. 그러한 역사(내력 즉 정보의 축적)를 가지면 그 물체는 그만큼 독특한 전자기 파장을 갖는다.

개체가 사멸하면, 즉 PC가 파괴되면 그 소프트웨어는 우주라는 초대형 컴퓨터에 온라인되어 있기 때문에 이 세상에서 소멸되지 않고 우주체(컴퓨터)에 그대로 남아 있다. 이렇게 생체 정보의 온라인체계는 각 인간의 심층심리(잠재의식) 상태가 우주체와 연결되어 있는 것에 비유된다. 그래

---

92) 앞에서 보인 '의식의 바다'를 다시 참조할 것.

의식의 바다
파도(개인과 표층의식)
마음(心)
영(靈)
신(神)₁

서 무의식인 사람, 또는 죽은 사람은 집합적 무의식, 즉 의식활동의 우주적 배경과 연결된다고 보는 것이다. 예부터 현자들이 주장해 온 '영혼불멸' 설은 이에 기인한다.

결론적(과학적)으로 분명히 말하여 영혼은 실존하는 것이다.

속칭 귀신이라 함은 '악한 영혼'을 일컫는 것으로 원한 또는 소원을 가지고 있어서 산 사람들에게 해를 입히고자 하든지 소원을 이루고자 하는 영혼, 가령 조상의 영혼이 자신을 소홀히 대접하여 자손들에게 어떤 질환 (불구자, 정신분열증 등)을 일으키게 한다든지, 교통사고가 나서 갑자기 죽은 사람의 영혼이 자기의 뜻을 전달하기 위하여 나타나는 지방령(사고 지점에서 떠나지 않고 박혀 있는 영혼, 이런 경우 일반적으로는 굿을 하여 자기가 죽은 자라는 것을 깨우쳐 주고 융숭한 대접을 하고 달래어 떠나보 내는 의식을 한다), 살해 당한 사람의 영혼이 복수하려 나타난다든지 하는 경우를 말한다. 영혼은 육체 같은 실체가 없이 상념체이지만 그것이 상념 하면(마음만 먹으면) 이승의 사람들에게 영향을 줄 수 있다. 이는 정신 제2 법칙 '상념은 사물에 영향을 줄 수 있다'는 법칙에 따른 것이다. 그러므로 '영혼(귀신)'이 이승에(길흉화복에) 영향을 미치는 것은 사실이다.

그러나 크게 윤회사상은 사람이라는 부분적인 것에만 대입되는 것이 아니라, 우주의 원리 지구-달-계절-눈-비-작은 풀잎에 이르기까지의 모든 것을 말한다. 물론 그러한 모든 만물에는 영혼이 함께 한다는 가정을 포함한다. 때문에 흔히들 동물의 영혼에 대하여 말한다. 일본에서 보면 '너구리'의 영에 빙의되는 현상을 자주 본다.

그리고 영혼은 상념체이기 때문에 수량과 무관하다. 영혼은 정성(定性) 적이기 때문에 한 지점에 여러 영혼이 존재할 수도 있고, 반대로 한 영혼이 여기저기에 나타날 수도 있다. 가령 예수의 영혼이 일정 시간에 세계 도처의 부흥회 석상이나 미사 의식 석상에 나타날 수도, 혹은 같은 시각에 수많은 기독교인들의 기도에 부응하여 눈앞에 나타날 수도 있다.

3. 영혼불멸설

영혼불멸설은 일반적으로는 학설에서 얻은 지식에서보다는 예부터 전해 내려오는 이야기들로부터 막연히 믿고 있는 게 사실이다. 그리고 사후의 세계를 긍정하는 대부분의 종교가 영혼불멸설을 믿고 있으나 영혼과 육체의 엄격한 구분에 기초한 영혼불멸설은 기독교에 의해 성립되었다. 사후의 세계에서도 지속하는 어떤 실체에 대한 관념은 원시종교를 비롯한 대부분의 종교에서 일반적으로 발견되는 현상이다.

이는 헬레니즘에 깊은 영향을 받았던 초대 기독교의 인간관에 잘 나타나 있다. 헬레니즘의 특성 가운데 하나인 영혼불멸설을 최초로 체계화한 사람은 플라톤이다. 플라톤은 육체와 영혼을 각각 감각의 세계와 영원의 세계에 속한다고 보고 후자의 불멸을 주장하였다. 바울은 헬레니즘의 영육이원론에 영향을 받아 기독교 고유의 영혼불멸설을 확립하였다. 그에 따르면 죽음 이후에 계속될 영원한 삶은 육체의 부활과는 무관하며, 오직 그리스도와 불가분의 관계에 있는 영혼을 통해서만 얻을 수 있다. 기독교의 영혼불멸설은 중세와 근대에 이르기까지 기독교의 핵심적 교리로 남아 있다.

불교에서는 윤회설이 영혼불멸설을 뒷받침하고 있다. 최면에서 나타나는 빙의현상, 심령사진이나, 현대심리학에서 보는 '전생요법'에서 보면 영혼이 실존함을 부인하기 어렵다.

여기서 한 가지 부언하는 것은, 왜 중생은 이승에 태어나는가(재생하는가) 하면, '세상(이승)은 수도장인 바 중생은(전생에서 보다 더) 고등한 인격자가 되기 위하여, 즉 되도록 신₁에 가까운 고결하고 신성(神聖)한 수양자가 되어서 저승으로 되돌아가 극락이나 천당에 가기 위해서' 라는 것이다. 때문에 한국의 천도교의 신₁관(神觀)에서는 '중생은 모두 하늘님' 이라 규정하고 있는 바, '왜(예를 들면) 하늘님(인간)이 하늘님(짐승)을 먹습니까?' 하니, '보다 더 크고 높은 하늘님이 되기 위해서는 하늘님이 하늘님을 먹어도 괜찮다' 하고 있다. 그 뜻을 잘 새겨보기 바라는 바이다.

4. 영혼실존에 관한 연구들

고래로부터 영매에 의하여 영혼을 불러 오는 행사(굿, 강신술 등 주관적 심령현상)를 해왔고, 근대에도 영국, 프랑스, 일본 등지에서 심령과학 연구자들이 연구하여(책으로 간행) 발표한 사례들(최면술에 의하여 영혼을 불러내어 대화하는 것도 같은 실험이라 생각됨)에서 아직도 영혼실존설을 과학적으로 확증하지 못한 상태이다. 그러나 기타 객관적 심령현상, 즉 심령사진이나 영혼의 물질화 등으로 영혼의 실존을 연구한 사례들을 보면 다음과 같다.

의학박사인 단칸 맥도걸은 1906년 매사추세츠 하버힐에서 이 문제에 대해 연구했다. 맥도걸은 중환자 6명을 상대로 죽음 직전과 죽은 후 체중을 비교했다. 결과는 당시 의학저널에 실렸는데, 환자들의 체중은 죽음 바로 그 순간에 평균 21그램 정도 감소됐다. 이것이 영혼의 무게라고 발표했다.

프랑스 생리학자로 노벨상 수상자인 샬 리쉬에(1850~1935) 교수는 1923년 출판한 대저(大著)《심령 연구 30년사》에서 "우리들은 인격이 사후에도 생존해 있다는 것을 굳게 믿지 않을 수가 없다"고 했다.

영국의 물리학자 윌리엄 크루크스 박사(1832~1919)의 물질화 연구(1872~1875)와 프랑스의 구스타프 젤레 박사(1868~1924)[93] 등이 영혼을 물질화한(1918~23, 5년간) 예를 발표했으며, 영국의 사진사 윌리엄 호프가 심령사진을 수백장 찍어서 일본의 심령학자 후쿠라이 박사와 기타 몇 학자들이 영국에 가서(1928년~1930년) 확인하고 돌아왔다.

인간이 신봉하는 유력한 종교가 영혼의 실존을 가르쳐 주었고, 이제 현대물리학에서도 점차 의식체라는 말로 영혼의 존재를 인정해 가고 있으므로 주목할 것이다.

예부터 영능자들은 영을 본다고 했었다. 또 교령술(강신술)에서는 영매로 하여금 영을 불러 인간들과 대화를 한다. 그러나 유물주의자들을 포함

---

93) Gelley 박사는 Clairvoyance and Materiliztion(透視와 物質化, New York : Arno Press, 1975)를 발간함 [필자 소장].

한 대부분의 과학자들은 그것을 사술(속임수)이라 하여 부인한다.

이 현상은 앞장에서 본 바와 같이 주관적인 심령현상이기 때문에 그들이 부인을 해도 증거를 제시하기가 어렵다. 그러나 객관적 심령현상에 들어가 빙의, 유체(幽體), 심령사진, 영의 물질화 등을 보면 영혼의 실존설을 굳게 증거한다.

5. 죽음

예부터 전해 오기를 사람이 죽으면 영혼이 떠난다고 했으며, 또한 그러한 그림들이 전해 오기도 한다. 일반인이나 지식인이나(많은 심령학자들) 간에, 인간은 육체와 영체와의 이중체로 구성되어 있다는 사상이 지배적이다.

그러나 나는 영혼의 정의(定義)에서 보였듯이 영혼은 산 사람처럼 어떠한 몸체를 가지고 있어서 하늘이나 영계를 떠돌아 다니는 것이 아니라고 파악했다. [다시 〈영혼의 정의〉 참조]

가령 라디오나 TV가 고장나거나 없어졌다 해도 방송파장(채널)은 없어지지 않고 남아있는 것처럼 인간의 영혼도 계속 전자파로서 남아있는 것이라 본다. 어떤 이는 사람의 죽음을 애벌레가 죽어서 나비가 되는 것에 비유했다. 왜냐하면 사람은 육체가 죽는다고 영혼까지 멸(滅)하는 것이 아니기 때문이다. 그것도 일리 있는 비유이기는 하나, 다음과 같은 다른 또 하나의 설[94]에 귀를 기울일 필요가 있다.

"삶과 죽음은 하나의 실체의 두 다른 면이므로 하나의 존재가 두 다른 형태를 취한 것일 뿐, (영적으로는) 삶과 죽음을 분리해서 보는 것은 우리의 망상이다. 삶은 표현된 상태의 죽음이요, 죽음은 표현되지 아니한 상태이다. 삶(太陽=乾)의 상태는 현재의식의 최대상태요, 죽음(太陰 = 坤)의

---

94) 이정남,《죽음의 의미》(서울 : 전망사, 1980).

상태는 무의식의 최대상태이다. 무의식은 현재의식의 잠재상태요, 현재의식은 의식의 활동 상태인 것처럼 죽음은 그 잠재상태나 배경으로 돌아가는 것을 의미한다 [앞의 라디오, TV에의 비유 참조]. 인간이 죽으면 의식 곧, 양(陽)의 요소는 영(靈)으로 변한다. 영의 형태나 인성의 원형(인성이 유지되는 것은 이 원형 때문인 바)은 육체 사후라도 흩어지지 않고 영적 삶을 계속 유지한다. 죽음에 임하면 현재의식은 상실되지만 인성 전체의 잠재력은 위의 원형 때문에 바뀌어지지 않는다. 이 원형은 업(karma) 때문에 가능하다." [95)]

카알 융은 죽음을 이해하는 실마리로서 수면과 꿈을 관찰했다고 하거니와, 사실 죽음의 경험은 무의식(수면시의) 경험과 유사한 것이다. 죽음과 수면은 그 강도에 있어서 다를 뿐이다. 초저녁 잠이 깊은 것과 같이 임종 직후의 죽음은 깊기 때문에 의식이 없는 것으로들 알기 쉽다. 그러나 사람이 죽으면 그의 무의식은 의식의 세력으로부터 해방되는 것이다. 각(覺 : samamdhi)·해탈의 상태가 그것이다. 해탈의 상태는 육체와는 아무런 관계가 없는 상태이다. 그렇기 때문에 해탈이라고 하는 것이다. [96)]

죽음의 순간 : 사람이 죽는 순간은 '졸도' 하는 것과 마찬가지여서 그 순간은 한동안 아무것도 깨닫지 못한다. 그것은 우리가 탄생의 순간에는 한동안 아무것도 의식하지 못하는 것과도 흡사하다. 그러므로 출생의 경험은 경험적 삶의 시작인 반면에 죽음의 경험은 경험적 삶의 끝이라 하겠다. [97)]

죽음의 그 후 : 사람이 죽은 후 보게 되는 것은 자신의 정신상태 외에는 아무것도 없다. 자기 자신을 있는 그대로 보게 된다. 자기 사후의 진정한 모습을 보기 전에는(살아서는) 자신도 이해하지 못한다. 물론 그것은 환상적이다. 죽은 사람이 당하는 모든 환상은 외부로부터 오는 것이 아니고 모두가 다 자기 자신의 것으로부터 온다. "천당을 경험하느냐? 지옥을 경험

---

95) 업이란 특정한 방법으로 행동하고자 하는 경향성의 총화로서 자신이 지휘받는 정신력의 경향이다.
96) 참고 : 플라톤은 죽음에 임해서 사람의 영혼은 육체의 감옥에서 풀려난다고 말하였다.
97) 전게서, pp. 41~42 참조.

하느냐?"는 오직 자기의 행실의 결과에서 오는 것이므로 자기 자신에게 달려 있다고 하는 것이다. 그러므로 누군가가 이렇게 말했다.

"죽음의 신은 죽은 자의 정신상태에서부터 독립적으로 존재하는 어떤 사람이 아니라 자기 자신의 초자아의 가시적(可視的)인 투영일 뿐이다. 다시 말하여 죽음의 신은 죽은 자가 보는 자기 자신의 망상이다."

예부터 인간의 임종 시 영혼이 떠난다는 말과 그러한 그림이 전해지고 있다. 그리고 보통 사람들이 알고 있기로는 영혼이 떠나면 사람은 죽는다는 것이나 우리 생각으로는 그와는 반대로 육체가 못 쓰게 되면 영혼은 현세적 활동을 할 수 없게 되는 것이다. 정보의 입력 · 출력을 하지 못하게 되는 것이다.

앞에서 인간을 컴퓨터에 비유하면, 육체는 하드웨어요, 영은 소프트웨어라 했다. 이 소프트웨어의 내용은 홀로그래피(holo-graphy)되어 우주라는 초대형 컴퓨터에 온라인되어 있다. 그러므로 각 개인의 PC가 망가져도 각자의 평생의 정보(유전자)는 우주에 남아 있어, 각자의 전자파의 주파수가 맞으면 출력될 수 있다. 즉 우리가 죽어도 정보집적 인자는 우주체에 내장되어 있다가 어떤 조건이 주어지면(파일명이나 홈피주소가 맞으면) 출력이 되는 현상을 영혼의 출현이라 본다.

현대과학의 물질관은 전자(電子)를 일정한 크기를 가진 알맹이로, 원자(原子)를 하나의 모형으로 생각하는데 사실 어떤 형상을 생각할 게 아니다. 이를테면 물질은 전자를 발견할 수 있는 확률을 표시하는 함수가 있을 뿐이다. 그러므로 물질의 본질은 형상이 아니고, 파장이다.

앞서 말한 바 있거니와, 우주의 본질은 기(氣)의 진동이요, 만유의 본 모습은 그의 파장인 바, 그 파장들에는 각각 특유한 파조(장단, 고저, 방향, 순위 등)를 가진 율동이 있다. 인간의 영의 모습도 이같이 이루어져 있으며, 만물의 영도 이러하니 이들의 총집합이 우주 대령(大靈)이다.

일설에 의하면, 마음(정신)이란 신경계통을 중심으로 한 인간의 생리적 순환상태에서 기와 혈이 일정한 초점을 향하여 집결되는 극미전자적(極

微電磁的) 현상이요, 육안으로 볼 수는 없지만 의식·사념 등의 정신작용도 극미전자적 현상인 기의 작용이라는 것이다. 요약하면, 영이란 대령(大靈)의 각(各) 분신이 가진 고유한 파동이며, 마음은 기·혈의 일정한 초점 집결 현상(焦點集結現象)이다. 의식·사념도 극미전자적 작용이다.

데이비드 봄에 의하면 모든 사물은 다른 모든 사물들 속에 숨겨져 내장되어 있다. 그리고 다른 개체 속에 잘 흩어져 분배되어 있다. 우리의 감관과 신경세포들은 이 숨겨진 질서를 드러나게 만드는 역할을 한다.

좀 무엇을 안다는 사람들은 '천국'을 과학적으로 확인하고자, 가령 천국은 구름보다 높은 곳 어디에 있을 것으로 생각하여, 우주여행을 해 확인하고 싶을 것이다. 그러나 그런 생각은 어리석은 생각임을 지식인은 안다. 과학자들은 그것이 있을 수 없는 것이라 하고, 종교인이나 심령주의자들은 실재한다고 생각한다. 사실 천국이나 극락은 물리적 실체가 아니라 심적, 상념적 즉 정신적 실체인 것이다.

따라서, 소위 '영계'란, 앞서 본 바와 같이 순수한 심적 세계 즉 표층의 식이 지배하지 않는 깊은 심층의식의 세계이다. 이는 순수한 상념만의 세계, 인간에게는 육체 없는 심층의식만이 활동하는 차원(次元)의 세계이다. 그것은 심리학자 카알 융이 말한 집단무의식의 세계라 해도 될 것이다. 그 세계를 '상념의 세계'라고 한다. 이 세계에서는 정신 제1법칙 '생각하면 생각하는 대로 이루어지는' 세계이며, 또한 '상념이 곧 실재'인(정신학 제2정리) 세계이다.

반대로, 현자 칸트의 다음 말은 참고가 될 것이다. "물질현상은 우리의 관념에 틀림없다. 그러나 그것은 우리들 개개인의 주관적 관념이 아니라, 개인적 주관의 한계를 넘어선 인간 일반의 주관―선험적 자아―에 의해 구성된 관념이다."

6. 영계(저승)

심령을 과학적으로 연구한 사람 중에는, 앞에서 기술한 바와 같이 영혼의 무게를 달아본 의사가 있는가 하면, "사람의 심령은 일종의 미묘한 가스체로서 수소(水素)에 비하여 약간 가벼운 영소(靈素)로 구성되어 있다"고 주장하는 사람들도 있다. 또 영혼은 불멸하여 사람이 죽은 뒤에도 계속 살아간다고 하니까 육체와 같은 자기 모양을 하고 살아가는 듯이 생각하기도 하고, 영계를 가서 보고 온 사람들은 한결같이 무슨 대궐이 있고, 염라대왕이 있고, 천당은 어떻고, 지옥은 어떻다고 이야기들을 하나 그것은 모두가 잘못된 생각이다.

현세와 영계를 여러 번 출입했다고 자서(自書)에서 진술하고 있는 스웨덴의 E. 스웨덴보르그(1688~1772)는 "현세와 영계 사이에 정령계(精靈界)가 있다. 그 곳에는 거대한 바위산과 빙산이 끝없이 이어져 있는데, 그 산맥과 산맥 사이의 여러 곳에서 영계로 가는 통로가 나 있다."[98] "영계에서는 현세와 다른 문자를 사용하고 있다"고 쓰고 있으며, 미국의 큰 영능가 안드류 잭슨 데이비드는 '에델계'(그는 영계를 이렇게 말했음)를 시찰하고 돌아와서(즉 죽었다가 다시 살아나서) 그 곳의 생활상을 많이 책으로 썼는데, 그 중 몇 가지를 보면 이렇다 한다.[99]

"사람이 죽은 뒤의 휴식하는 세계는 '상하(常夏)의 나라'로 1년 내내 여름이 계속되는데 지상의 여름과는 비교할 수 없을 만큼 아름답고 훌륭하고 멋있고 근사한 곳이다. 푸른 초원, 아름다운 숲, 시원하고 깨끗하고 맑게 흐르는 시냇물, 거울 같은 호수, 산과 들에 나가면 이 지상에서는 볼 수 없는 예쁘고 아름다운 꽃들이 만발하고 있다. 물론 집도 정원도 고층빌딩도 있고 도서관도 있다. 음악회나 시화전람회를 할 큰 홀도 있다. 그리고 에델계에서는 배가 고프거나 추위를 타지 않으므로 언제나 원기가 발랄하고 행복하게 살고 있다. 학교에는 학생들이 여러 반 모여 열심히 공부하고

98) E. 스웨덴보르그, 하재기 역, 《나는 영계를 보고 왔다》(서울 : 태종출판사, 1975), p. 52.
99) 유석형, 《영혼의 세계》(서울 : 금란출판사, 1974), pp. 230~232

노래 부르며 무용도 한다. 어느 학교의 학생들이 다른 학교를 방문하기 위해 산을 넘고 들을 건너 행진하는 것도 보았다."

그들은 영계가 현세와 매우 다르고 시공간적으로 왕래하는 것으로 말하고 있으나, 그 점은 아직도 옛 사람들의 영계관에서 벗어나지 못하고 있다. 그러나 그들의 진술 여기저기에서 영계가 상념의 세계라고 말하고 있음에 주목할 것이다. 스웨덴보르그는 "영들은 상념으로(의사를) 자유로이 교환한다. 영계와 현세는 도저히 떼어낼 수 없는 동전의 앞뒤와 같은 것이다".[100] 영계에는 시공이 없으며 '영계와 현세는 하나의 세계이다.'[101]라든가, 데이비드가 "에델계에서는 금전이 필요 없다. 지상에서는 그림을 그리려면 그림도구를 가지고 수일씩 걸리나 그 곳에서는 마음에 생각만 하면 그대로 눈 앞에 실현된다. 의지만 있으면 에델계에서는 무엇이든지 만들 수 있다."[102]고 한다.

그의 말에서 '의지만 있으면 무엇이든 실현된다' 는 말 등은 맞는 말이다. 영계는 정신의 세계 즉 상념의 세계이기 때문이다. 여기서의 정신의 세계라는 것은 물질이나 육체가 고려되지 않는 세계를 말한다. 그렇다고 물질과 분리되어 있는 세계가 아니고, 물신(物神)은 불가분이므로 영계는 우주라는 물체와 합일되어 있는 이면(裏面) 세계이다.

상념의 세계라고 보는 것은 생체들의 관점에서 하는 말이다. 우리가 눈을 감았을 때 바깥 세계는 없어지고 상념만이 남았을 때와 똑같은 세계를 이르는 것이다. 어느 모로는 꿈의 세계와 같은 것이라고 볼 수 있겠으나 꿈의 세계에서는 스스로의 생각이 아니 되고, 다시 말하여 꿈의 내용을 자기 마음대로 조절할 수 없으나 영계에서는 자기 스스로 원하는 대로 상념이 이루어진다는 것이다. 우리가 눈을 감고 생각하는 경우와 같다고 할까? 가고 싶으면 가고, 먹고 싶으면 먹고, 입고 싶으면 입고, 자고 싶으면 잘 수 있는 자유로운 세계이다. 그러므로 생시의 부모형제나 연인도 만나고 싶

---

100) E. 스웨덴보르그, 전게서, p. 25.
101) E. 스웨덴보르그, 전게서, p. 259.
102) 유석형, 전게서, 같은 곳.

으면 만날 수 있다 하겠다.

상념만 떠올리면 무엇이고 이루어지는 원리는 최면술에서 외부(최면술사)의 암시만 받으면 바로 그 암시의 상념이 그대로 이루어지는 이치와 같다. 연령퇴행에서 '몇 살 때를 떠올리라' 하면 그 때가 상념으로 이루어지고, 전생퇴행에서 태어나기 전의 일을 떠올려 보라 하면 떠올리고 하는 것도 마찬 가지 이치이다. 그러나 전생퇴행에서는 최면 피술자가 말하기는 하지만, 우리가 최면을 전적으로 믿을 수 없는 것(최면의 불확실성)은 사실 그대로 떠올릴 수도 있겠지만, 때로는 혹은 자주 정확한 것이 아닌 것을 그 피술자가 그 때 그 때 스스로 생각나는 것을 말할 확률이 꽤 있기 때문인 것이다.

영계는 상념의 세계이므로 종래에 사람들이 생각해 왔던 바와 같이, 영계를 가려면 산을 넘고 넘어서 걸어가는 것도 아니며, 죽었다 살아 온 사람들이 이야기하듯이 영계에도 산천이 있고 학교가 있고 무엇도 있더라는 말은 헛소리인 것이다. 실제로 그런 것이 있는 것이 아니라 상념으로 즉 생각으로 보았을 뿐인 것(그러나 실제와 똑 같이 보임은 사실)이다. 기독교에서 죽으면 천당으로 간다는 말도 실제 산 사람이 천당 같은 곳으로 올라가는 것이 아니라 영적으로 즉 상념적으로 가는 것이다.

이를 이해하기 위해서는 우리가 꿈을 꾸고 있는 세계를 연상하면 될 것이다. 물질체인 육신과는 관계없이 꿈속에서만 사는 세계 말이다. 혹 육신이 없는데 어떻게 꿈과 같은 세계가 존재하겠느냐는 의문이 생길 것이나 앞서 말한 바와 같이 이 우주는 2중체(兩面體)로 되어 있다. 즉 객관세계(물질세계)와 주관세계(정신세계)가 그것이다.

세상의 진리를 깨달은 석가모니가 불교의 핵심 경전인 〈반야심경〉에서 이렇게 설교하고 있다.

"세상 모두가 공(空)이라, 온갖 괴로움과 재앙도 물질도 느낌과 생각과 의식도 더러움도 깨끗함도 없고, 늘지도 않고 줄지도 않으니, 눈과 귀와 코와 혀와 몸과 뜻도 없으며, 형체와 소리 냄새와 맛과 감촉과 의식의 대상도 없으며, 눈의 경계도 없고 의식의 경계까지도 없으며, 무명도 없고 또한 무명이 다함도 없으며, 늙고 죽음이 없고 또한 늙고 죽음이 다함까지도 없으며, 괴로움의 원인과 괴로움 없어짐과 괴로움을 없애는 길도 없으며, 지혜도 없고 얻음도 없느니라……."

[五蘊皆空 度一切苦厄 色不異空 空不異色 受想行識 亦復如是 是諸法空相 不生不滅 不垢不淨 不增不減 無色 無受想行識 無眼耳鼻舌身意 無色聲香味觸法 無眼界 乃至 無意識界 無無明 亦無無明盡 乃至 無老死 亦無老死盡 無苦集滅道 無智亦無得 以無所得故……]

그런데 다른 경(49재 때 참여자들과 함께 스님이 외우는 경)에서는 "극락이 있는데 극락에 가면 사시사철 아름다운 꽃이 피어 있고 새가 노래하며 항상 즐거움만 있노라."라고 앞 반야심경의 내용과는 모순되는 말씀을 하고 있다. 모든 게 공인데 어떻게 극락이 있으며 꽃이 피고 새가 노래하는가? 내 해석으로는 사후의 세계 즉 영계는 상념의 세계이므로 그러한 곳을 마치 꿈 속에서 보는 것처럼 생각하는 것이라 본다. 그러나 상념은 실재이므로, 그 내용은 이승의 실제와 똑 같음에는 틀림없다. 스웨덴보르그도 말하였다. 이승과 저승은 별도의 세계가 아니라 연속된 세계라고. 지옥이라는 것도 마찬가지로, 생시에 죄를 지은 자는 영계에서 지옥에 가게 된다. 그것은 상념으로 가게 되는 것을 말한다. 우리가 수면시 무서운 꿈을 꾸면 실제로 가슴이 뛰고 식은땀이 나며 어찌할 바를 몰랐던 경험을 상기해 보라. 죄를 지은 자가 죽어서 영계(상념계)에서 지옥에 가 고통을 체험한다면(살아서 꿈속에서의 괴로움과 똑같이) 얼마나 괴롭겠는가? 그것도 하루 이틀이 아니고 자주 그런 지옥에(상념으로나마) 가는 상황을 상상해 보라.

영계 즉 상념의 세계에서는 '생각하면 생각하는 대로 모든 것이 이루어진다' 하니까, 악한 자 또는 죄지은 자 등도 천당에 혹은 '극락에 가겠다'고 생각하면 가는 게 아닌가 생각할 것이다. 그러나 그런 영들은 가게 되는 것이 아니다. 생전에 자기 행한 행위 즉 업[103]에 따라 그 상념이 이루지는 것이지 아무것이나 다 이루어지는 것이 아니기 때문이다. 이런 의미에서 천당과 극락이나 지옥이 이승의 현실 세계에서와 같이 3차원(물질)적으로 존재하는 것이 아니다.

부언하거니와, 죽은 자가 보는 시야는 생전에 보였던 그 자신의 사고형태나 정신적 내용의 투영일 뿐이다. 현재의식은 작용하지 않으므로 꿈꾸는 상태와 흡사하다.[104] 죽음의 세계가 상념의 세계라는 것은 다음에 보이듯이 위대한 요기 파라만사 요가난다의 자서전에서 그의 스승 스리 유크데스가 세상을 떠난 뒤 영혼으로 나타나 한 다음 말에서도 볼 수 있다.

"개성화된 영혼으로서의 인간은 본질적으로는 상념체이다. 상념계에 있어서의 욕망은 지각에 의해서만 충족된다(살았을 때의). 인간이 공상 속에서만 하는 일을 상념계의 인간은 현실에서 행할 수 있다. 상념계의 영혼은 자기는 기쁨에 넘쳐 있는 우주령(宇宙靈)의 개화된 점철(點綴)임을 서로서로 인식하고 있다. 그들이 생각하는 것이 바로 그들이 둘러싸고 있는 유일한 사물인 것이다. 그들은 자기의 몸과 사상이 서로 다른 점은 단지 관념에 지나지 않음을 알고 있다."[105]

필자는 1982년 12월 6일 밤(12:00~01:30 사이) 꿈속에서 영계에 갔다. 그 경험에 의하면[106] 그 세계는 의지로써 모든 것이 되는 세계이었다. "빛이 있으라" 하니(의지로 이루어지되 그 객관적 형식은 언어로써 되는 양 보였음) 빛이 있었다는 성서의 말과 같이, "옷을 입고자" 하니 옷이 생겨

---

103) 업(業)은 karma의 번역으로, 원래는 행위를 뜻하는 말로서 인과(因果)의 연쇄관계에 놓여지는 것으로, 어떤 행위가 자체로 단독적으로 존재하지 않는다.
현재의 행위는 그 이전의 행위의 결과로 생기며, 그것은 또한 미래의 행위에 대한 원인이 된다. 거기에는 과거·현재·미래와 같이 잠재적으로 지속하는 일종의 초월적인 힘이 감득(感得)되어 있으며, 흔히 시간(時間 : kala)·천명(天命 : daiva)·천성(天性 : svalhava) 등의 말로 표현되고 있다.
그러므로 그것은 어떤 사람도 피할 수가 없으며, 그림자가 형체에 따라다니듯이 업은 서 있는 자의 곁에 서 있고 가는 자의 뒤를 따라가며, 행위하는 자에게 작용을 미친다고 한다. 이러한 인과관계에 입각한 행위론은 당연히 선업선과(善業善果)·악업악과(惡業惡果)와 같은 윤리적인 '인과의 법칙'을 낳게 한다.
104) 영계가 상념의 세계이면, 꿈의 세계처럼 허망한 세계라고 생각될 것이나, 정신학 제2정리에서 '상념은 실재'라는 원리에 따라 영계는 실세계인 것이다.
105) 한스 홀쩌,《사후의 생명》, 제3장 참조.
106) 이 경험은 꿈이었지만 그것이 나의 정신연구에 도움이 되었기에 인용한다.

나 입혀지고, "젊을 때의 모습으로 돌아가고자" 하니 그러한 내가 되고, 어떤 여인이 나타나기(흔히 우리의 꿈속에서처럼)에 "예쁘다" 생각하니 예뻐져서, 그녀가 "내 애인이다" 하니 애인으로 되어서 오는 것이었다. 그러나 나는 만능은 아니었다. 왜냐하면 나의 의지를 나도 모르는 어떤 힘이 제한하고 있었기 때문이다. 다시 말하여 나의 의지를 조종하는, 즉 그런 마음이 들게끔 허락(?)하는 어떤 힘이 있어서 내 의지가 내 마음대로 돌아가지 않는 때가 있었다. 예를 들어 내가 어떤 생각을 하려고 해도 되지가 않았으며, 또 나의 어떠한 의지가 실제화 되는 데도 대단히 힘이 들었다. 그것은 나보다 도력(道力)이 센 신령의 영향 때문이었다. 신2들에게(여기서의 신은 사람의 모습으로 나타날 때도 있고, 보이지 않는 힘으로 나타날 때도 있었다)는 각자의 능력(주어진 권위)이 있어서 작은 신은 큰 신의 지배를 받고, 그 신은 보다 큰 신2의 지배를 받고 있었다. 그러므로 큰 신일수록 큰 도력자였다.

따라서 우주 안에는 제일 큰 신인 권력자가 있으리라 생각된다. 여기서 큰 권력이 있다는 것은 에너지체로 보면 힘이 세다는 말도 되지만, 그보다는 가장 고결하고 신성하며 도덕 윤리적으로 한 점의 흠이 없는 인격자를 의미한다. 그러한 신1을 사람들은 하나님(天主), 유일신, 우주신, 창조주라 한다. 그 신1은 모든 신2들을 통제하고 조절하므로, '전지전능' 하며 '무소불위' 하다고 하는 것이다. 이것이 곧 '하나님(God)'의 개념이다.

프로이트는 신1을 인간들이 심리적으로 창조(신 표상의 창조)한다고 보고, 인류학적 관점, 남자 혹은 여자로서의 관점, 아동기 동안의 관점에서 고찰하고 있는데,[107] 나는 과연 그럴까 의문이 간다. 심리학자 리주토는 "종교는 환상이요, 삶이 어려움에 직면했을 때 아버지에게 보호받기를 바라는 유아적 원망(願望)의 산물이다. 성숙한 남성은 프로이트 자신처럼 우주의 비인격적인 성질을 가졌다는 사실을 받아들이고, 신과의 관계에서 위로 받을 것이라는 환상을 포기해야 한다"[108]고 한 것은 프로이트의 공헌

---

107) 에너 마리아 리주토 저, 이재훈 외 역,《살아 있는 신의 탄생》(한국심리치료연구소, 2000), p. 83.
108) 리주토, 상게서, p. 84.

이라고 하고 있으나, 나는 그에 동의하지 못한다. 왜냐하면 신₁은 태초부터 존재하는 최고의 인격자요, 전지전능한 우주적 지배자이기 때문이다.

7. 전생요법

전생(前生)요법이란 현대 정신병의 최면치료[109]에서 적용하고 있는 치료법으로서 모든 증상들이나 알 수 없는 질병의 원인 등을 잠재의식이라는 기억으로부터 끌어내어 해결하기 위한 한 방법이다. 전생요법의 전생퇴행 치료를 통해 고질적인 증상들로부터 신속하게 또는 극적으로 호전되는 경우가 많이 생기자, 이 요법은 현재 또 하나의 치료요법으로 자리잡고 있다.

최면가들이 피최면자에게 시간을 거꾸로 거슬러 올라가 아주 어린 시절에 대한 기억을 말하도록 했을 때, 피최면자들은 전생의 일들을 회상하곤 하는데 후에 객관적으로 상세히 조사해 본 결과 그들의 진술이 사실이었음이 밝혀졌다는 보고가 있었다.

최면을 통해 전생에 대한 탐구가 이루어지기 시작한 이래 심리학자들 간에 전생에 대한 관심이 커졌는데, 처음에는 주로 전생이 과연 존재하는 가에 대한 실증적 차원에서 조사가 행해지고, 그러다 나중에는 피최면자가 전생퇴행을 통해 오랫동안 억눌려 온 기억을 되살리게 되면, 고질적인 증상들이 신속하게 극적으로 호전되는 경우가 많이 있자 전생퇴행을 하나의 치료수단으로 접근하게 되었다.

이 치료법은 현재 세계 여러 나라에서 성행하고 있으며 한국에서는 최

---

109) '최면은 환자의 무의식 깊숙이 숨어 있는 중요한 정보와 부정적인 감정을 찾아 해결하는 데 다른 어떠한 치료 기법보다 탁월한 힘을 발휘할 뿐 아니라, 짧은 시간에 가장 고차원적이고 심층적인 인지(認知)에 도달할 수 있는 최고의 인지치료기법이다.' 김영우, 《영혼의 최면치료》(서울 : 나무 심는 사람, 2002), p. 44

110) 소위 '신들림'이란 접신현상인데, 접신은 유전성(대물림)이 되기도 하고 의외로 어떤 심적 충격을 받거나, 어떤 곳을 갔다가 우연히 접신되는 경우가 있다.
이렇게 접신된 무속인의 신통력(예지력, 치유력)은 사실이다. 그러므로 그들은 ESP(정신감응) 현상을

근 정신과 의사가 시작을 했기에 많은 사람들이 관심을 갖게 되었지만, 사실은 오래 전부터 점(占)집 등에서 행해지고 있던 방법이다. 굿 또는 신풀이 등에서 신(영혼)을 불러 대화하여 신병을 치료해 온 방법이 그것이다.[110] 근래 미국의 캘리포니아 주 및 호주에서는 전생요법을 배울 수 있다며 일반인들에게 아무런 자격 제한도 없이 가르치고 있는 학교 및 단체들이 생김으로써 전생요법의 문제점들이 드러나기도 했다.

서양에서의 환생(還生)에 대한 믿음은 1875년 미국에서 시작된 종교와 철학을 하나로 연결지으려는 '테오소피'(Theosophy)로부터 비롯하여 20세기 후반의 '뉴에이지 운동'(New Age Movement)으로 이어져 오고 있는데, 이는 힌두교의 영향을 받은 것이다.

전생요법은 바로 이 논리에 근거하는 요법으로서, 현생에서 겪는 질병들 가운데 일부는 전생에서의 부정적 부착(negative attachment) 때문에 생겨나며, 따라서 이를 이해하면 현생의 질병이 나을 수 있는 단서가 된다는 데에서 출발한다.[111]

또한 그들은 신$_2$와의 소통을 이루기 위해 사용하는 수단인 초월명상과 요가를 힌두교 전파수단으로 이용하며, 1960년대 이후로 서양의학에서 그런 초월명상과 요가가 건강에 좋다는 평가를 받음으로써 많은 사람들이 행하게 되어 간접적으로 선교에 성과를 거두고 있다.

스웨덴보르그 등 영계를 다녀왔다든지 하는 대영능가들은 한결같이

보인다. 이를 전통적인 말로는 접신능력이라 하며, 정신과학적 술어로는 정신감응이나 염력의 능력이라 한다. 그러나 무속인의 능력을 (사술(詐術)도 있으므로) 전적으로 신임할 수는 없다.

또한 무속인의 능력은 사람에 따라 한계와 정도의 차이가 있어서 접신된지 상당한 기간이 지나면 약해지기도 하며 때로는 없어지기(신이 떠나서)도 한다.

인생의 운명론을 전혀 무시할 수 없는 이유는 각자가 태어난 사주가 다르고 DNA가 보이는 조상 및 부모가 다르고 환경이 다르기 때문이다.

111) 이 치료법은 일종의 정신 에너지 요법이다. '환자를 괴롭히지 말라' 거나 '나가라' 는 치료자의 지시를 거부하고 반항적으로 나오는 존재(영혼)들은 그 힘을 무력화할 필요가 있다. 이들을 무력화하는 일반적인 방법은 환자의 심상과 정신의 힘을 이용하여 이 존재들의 힘을 형성하고 있는 에너지와 정반대되는 성질의 에너지를 강화하고 보충하게 함으로써 가능해진다. 이것은 결국 오래 전부터 여러 종교에서 선과 악, 창조와 파괴, 삶과 죽음, 건강과 질병 등 서로 대비되는 세력 간의 대결을 '빛과 어둠의 싸움' 으로 비유하는 것도 이 같은 물리적 현실에 해당하는 표현이라고 나는 생각한다. [김영우, 《영혼의 최면치료》(서울 : 나무 심는 사람, 2002), p. 124.]

'이 세상은 영계의 일부이다' 라고 한다. 《신통》, 《신통력》의 저자인 혜윤 법사도 "우리의 마음은 저 세상의 영혼들과 통해 있기 때문에 생각하는 것, 바라는 것이 발라(正)야 한다"[112]고 하고 있다. 그가 거의 모든 환자, 특히 병명을 알 수 없는 환자들에게서 '접신' (빙의)을 '나무묘법연화경' 의 주문(呪文)으로 불러내어 분리시켜 떠나 보냄으로써 병들을 고치고 있는 예들을 보면, 전생이 없는 사람이 없다. 그리고 전생(접신)들 중에는 성인 (成人)들의 영뿐 아니라 어린애(심지어는 낙태시킨 탄생이전의 미숙아)의 영, 동물(소, 말, 돼지, 뱀 등)의 영들도 나타난다.[113] 이 치료법도 훌륭한 전 생요법이다.

최근에는 초월명상, 요가와 몰입경(trance=hypnotic state)을 이용하는 전생요법을 하고들 있다. 그들은 최면이 의학에서 정식으로 받아들여진 방법이고, 최면에서 전생이 나왔으니 전생은 과학적으로 입증된 것이라고 주장한다. 우리 모두가 전생을 가졌다면 모두는 재생(再生)되었다고 말할 수밖에 없다.

여하튼 이 전생요법은 정신병 치료를 위한 단서 혹은 기억을 찾아내는 데 있어서 아주 유용한 방법의 하나이다. 여기서 아주 생소한 정신현상 즉 소위 '환생' 의 진실성에 대하여 알아보기로 한다. 다음은 그 실화들이 다.[114]

8. 환생(還生)

다음의 환생((還生 : 영혼이 되살아 옴)의 예는 환생(換生 : 영혼의 뒤바 꿈)이기도 하다.

---

112) 혜윤 스님. 《전생을 알면 정말 인생이 달라지나요》(서울 : 인화, 2000), 서문.
113) 혜윤 스님, 상게서 참조.
114) 전생설을 부인할 수 없는 것은 영혼의 뒤바꿈 현상이나 심령사진 현상 등이 나타나기 때문이다.

환생의 예 1[115]

경기도에 전해 내려오는 이야기로, 김모라는 사람이 사망하자 그의 자녀들은 슬픔에 잠겨 있었다. 그런데 장례식을 치른 며칠 후 어느 날, 한 낯선 사람이 스스럼없이 집으로 들어와 아주 익숙한 태도로 말을 건네는가 하면, 그 거동 또한 가정(家情)을 잘 아는 사람 같아 보였다. 집안 사람들이 이를 이상히 여기고 누구냐고 묻자, "나는 이 집의 주인이고, 너희들의 아버지이다" 하였다.

자녀들은 그 목소리가 선친의 생전과 똑같다는 것을 인정하지 않을 수 없었으나, 이미 장례식을 치른 후인 데다 용모 또한 전혀 달랐으므로 기이하기만 하였다.

그러자 그가 덧붙여 말하기를, "물론 자세한 이야기를 하지 않았으니 이상하게 생각하는 것도 무리가 아니지. 나는 분명히 죽었으나 그 명수(命數)가 다하지 않아 다시 이 세상에 돌아올 수 있었다. 하지만 이미 장례를 치른 후라서 나는 내 육신으로 현신할 수가 없었다. 그런데 때마침 지금 내가 입고 있는 육신이 길을 지나기에 그 몸을 빌려 돌아온 것이다. 그러므로 용모는 다르지만 이 집의 사정에는 밝다" 하였다.

하나하나 이야기하는 품이 생전의 아버지와 변함이 없었다. 자녀들은 일단 세상을 하직하였던 아버지가 비록 모습은 다르다 하더라도 환생하였으므로 기뻐 환호하였다.

한편 그렇게 멀지 않은 아무 마을의 박모가 행방불명된 사건이 생겼다. 이에 그 집 자녀들은 물론 일가친척과 지기(知己)들이 열심히 수소문하였으나 찾을 길이 없었다. 그러던 차에 우연히 아무 마을 김가네 집에 요사이 낯선 사람이 와 있다는 소문을 듣고 그 집으로 가보았더니 틀림없는 박가네의 아버지였다. 그제서야 아버지를 찾은 박모의 아들이 그를 데리고 집으로 돌아가려 하자, 김모의 자녀가 말도 안 되는 소리라며 항의하였다.

"이분은 우리 아버지시다. 물론 용모는 다르나 거동이나 하시는 품이 틀

115) 무라야마 지준 著, 김희경 역, 《조선의 귀신》(서울 : 동문선, 1990), pp. 80~81.

림없으니 데려갈 수 없노라"는 것이었다.

그리하여 이 아버지를 중심으로 김·박 양가 사이에 분쟁이 생겨, 계속해서 결말을 보지 못하다가 마침내는 관에 호소하여 군수(현재의 재판관)의 재단(裁斷)을 받기에 이르렀다. 이 청원을 받아들여 쌍방의 사정을 조사한 군수는 생전에는 김가네 아버지로서, 사후에는 박가네의 아버지로서 모시라는 판결을 내려 이 분쟁은 겨우 일단락되었다 한다.

환생의 예 2.[116]

5월의 어느 개인 일요일, 이탈리아 제노아시(市)의 푸른 하늘은 갑자기 검은 구름에 뒤덮여 많은 벼락이 떨어졌다. 이에 여러 곳에서 피해가 속출하여 제노아시는 대혼란에 빠졌는데, 이 낙뢰(落雷)는 뜻하지 않은 사건을 일으켰다.

그것은 전대미문의 사례로 도저히 믿을 수 없는 '사실'이었다. 이 해 설흔 살인 니넷다 붓지 부인은 커피잔을 치우려 발코니에 나갔다가 운수 사납게 낙뢰의 전기적인 충격을 받아서 기절을 했다. 그 뒤 한 시간이 지나 집안 식구들에게 발견이 되어 병원에 가서 의식이 회복되었는데 의사가 "붓지 여사 놀라셨지요? 이제는 괜찮습니다." 하고 말하니, 알 수 없다는 듯이 "저는 붓지가 아닙니다. 저는 나폴리에 사는 지코라 뭇세노입니다. 벼락을 맞았을 때는 역에 기차표를 사러 가던 중이었습니다."라고 말하고, 집안 식구들과 만나게 해도 전혀 본 일이 없노라고 주장했다.

그리하여 그 결과 붓지 부인은 정신병원에 수용이 되었다.

한편, 설흔 아홉 살인 나폴리의 지코라 뭇세노 부인은 그 날 거의 같은 시간에 제노아역에 기차표를 사러 가는 도중에 벼락을 맞아서 기절을 했다. 그래서 시내 소방서원들에게 떠메어져서 병원에 입원을 했는데, 의식을 회복했을 때는, 그 부인은 자기는 제노아에 살고 있는 니넷다 붓지이며 갖고 온 여행가방은 자기 것이 아니라고 주장했다.

---

116) 板谷 樹?宮澤虎雄 著, 안동민 역,《心靈科學》(서울 : 태종출판사, 1974), pp. 274~276.

"아니, 뭇세노 여사, 당신은 잠시 정신을 잃었을 뿐입니다."

"아니, 저는 제노아에 살고 있는 니넷다 붓지입니다." 하고, 아무리 병원 사람들이 타일러도 그녀는 니넷다 붓지라고 주장했다. 그리하여 그녀도 제노아의 정신병원에 옮겨졌는데, 그곳은 바로 붓지 부인이 입원하고 있는 병원이었다.

의사들은 이 이상한 사건에 주의를 기울여서 조사를 했다. 그리고 두 부인을 서로 만나게 했으나, 두 부인은 전혀 모르는 사이로, 조사한 결과 친척도 친구도 아닌 전혀 모르는 남이라는 것이 확인되었다. 붓지 부인은 뭇세노 부인의 과거에 대해서는 잘 알고 있으나, 자기 자신의 과거에 대해서는 전혀 기억이 없었고, 한편 뭇세노 부인은 자기가 태어난 고향인 나폴리에 대해서는 전혀 모르고 있었고, 나폴리에는 한 번도 가 본 일이 없다고 주장하였다.

현재, 이 사람들은 의사의 손에 의하여 본래의 자기로 되돌아가도록 시도되고 있다. 그러나 종래의 과학지식으로서는 이 사건은 수수께끼이며, 의학이나 심리학으로도 설명할 수 없는 현상이다. 담당 의사인 시베니노 교수도 "이와 같은 사건이 발생한다는 것은 도저히 믿을 수도 없고 설명할 수도 없다"고 말하고 있다.[117]

이는 독일 하노바 심령과학회가 발표한 내용이다.

이러한 현상을 심령과학에서는 '빙의(憑依 : 영혼이 옮겨 붙음)' 또는 '인격전환(人格轉換 : 인격의 뒤바뀜)이라고 한다. 이 이야기를 들으면 우선 사람들은 믿어지지 않는다고 할 것이다. 그러나 정신과학에서는 영혼의 실존을 인정하고 있으므로 이 이야기들이 터무니 없는 거짓이라고 일축하고 말 일이 아니다.

여기서 짚고 넘어갈 것은 두 예에서 보면, 영혼은 "물질과 정신이 불가분이라 했는데, 어찌하여 영(혼)이 단독으로 존재하여 우주 안에 떠돌아

---

117) 板谷 樹?宮澤虎雄 著, 안동민 역,《心靈科學》(서울 : 태종출판사, 1974), pp. 274~276.

다니다가 들어 왔는가?", 혹은 "육체와 영혼이 분리하기 때문에 정신분열 증상, 빙의현상, 재생현상이 일어나는 것 아니냐?"라고 반론할는지 모르나, 그런 경우에도 영혼(정신)이 물질세계에서 사람이나 동물처럼(공중에 나는 새들처럼) 육체와 영혼이 분리되어 존재하다가 육체로 들어오는 것이 아니라, 우주(초대형 컴퓨터)라는 물질체내에서 고유파장으로 존재하다가 어떤 육체(PC)의 작용으로(그 파일이) 불려오는 것이므로 정신이 물질 또는 생체와 분리되어 있던 것이 아니다. 육체가 죽어 사멸하면 정신(영혼) 즉 고유의 전자파가 물질인 우주(초대형 컴퓨터)에 그대로 옮겨(저장되어) 있는 것이므로 물질체로부터 분리되어 나가는 것이 아니라는 말이다. 정신학 제1정리 '정신과 물질은 불가분이다'에서 단정하고 있듯이 물질과 정신은 어느 경우에도 일체로 존재하되 분리하여 어느 한 쪽이 독립하여 존재할 수 없는 것이다. 돌 하나에도, 풀 또는 나무 한 포기에도, 동물 한 마리에도 공히 정신과 물질체(혹은 육체)가 상존하는 것이다. 하드웨어가 없는 곳에 소프트웨어의 정보가 출현할 수 없는 것과 같다.

현대 과학자들 중 이러한 견해를 보이고 있음에 주목할 것이다.

"우주의 모든 것은 서로 유기적으로 연결되어 있어 전체적으로 하나라는 전체론적인 관점에서 물질이 정신과 분리되어 존재하지 않는다는 심신 일원론적인 정신과 물질과학의 일원화라는 의미에서 정신과학을 생각할 수 있다."

9. 영매(靈媒)

영매(靈媒 : psychic medium)란 우리말로는 '무당', '무속인', '신들린 사람'을 말하며, 영어의 '영매'란 뜻은 영혼(귀신)을 불러 말이나 행동을 중개(仲介)하는 매체(媒體)라는 말이다. 환언하면 신들린 사람(接神者)이 어떤 영혼을 대신하여 말하며 행동하는 사람이다. 오컬트 영매는 '채널러(Channellar)'라고 하여 자신의 채널을 바꾸어 다른 파장의 지성체와 소통하는 사람을 말한다.

남자든 여자든 다 영매가 될 수 있으나 여자가 많은 편인데, 일설에 의하면 여자는 생명을 잉태하는 몸이라 다른 파장에 적응이 쉽기 때문이란다.

참고로 말하면, 빙의(憑依)는 어느 한 영혼이 어떤 사람의 육체 내에 들어와 점령하고 있는 형태이고, 영매란 자기의식은 잠시 거두고 다른 영혼을 대리하는 형태이다. 그러므로 후자는 자기의식이 주이고 때때로 남의 의식(영혼, 파장)을 받아들이곤 하게 된다. 다시 말하면 빙의는 자신의 의지와 상관없이 어떤 영이 씌우는 것이고, 영매는 자신의 정신이 어느 정도 있는 상태에서 타 영혼(귀신)과 연결이 되는 경우이다.

빙의자는 자기의식이 없으므로 남의 의식으로 살게 됨으로 정신분열증을 보여 환자가 되나, 영매는 배후령이라는 영혼의 지배는 받되 자기의식이 있으므로 일상생활에 큰 지장은 없다. 배후령이 괴롭히거나 명령을 하면 그에 순응하되 때때로 굿을 하여 의식(儀式)을 올리면 몸이 아프거나 했던 것이 낫는다.

그런데 영매, 즉 무당들 중 상당수가 제대로 된 영매활동을 못한다. 왜냐하면 영매가 되기는 했지만, 자신에게 들어와야 할 영혼(귀신)을 잘 구별 못하기 때문이다. 즉, 만신이 들어오던가 굿 등을 할 때 관련된 귀신만이 와야 하는데 여러 잡귀들도 무당에게로 모여들기 때문이다. 그것을 구별하여 받아들일 수 있는 무당이 그리 많지 않다.

그리고 영매(무속인)의 체질은 보통 사람들의 체질과는 다르게 보이는데, 그들 중 다수는 조상으로부터 유전적으로 물려받는 경우가 많고, 특수한 체질로 태어나서(영매소질이 있어) 되는 사람도 있고, 보통 사람이 우연한 연(緣)으로 신병을 앓다가 나중에 접신된 사실을 알게 되는 경우도 있다. 접신했다고 해서 모두 영매(무당)가 되는 것은 아니고 상황에 따라서 접한 신을 떼어버리고 정상인으로(물론 의식(儀式)절차를 거쳐) 돌아오는 이도 있고, 스스로 영매가 되고자 그 기회에 영매가 되는 이도 있고, 접신이 너무 강하여 이겨내지를 못하여 영매가 되는 이도 있다.

또한 영(靈)을 가정하지 않고 초상적 능력(超常的能力 : ESP나 PK 능력)

을 항상 나타내는 사람을(이런 경우는) 민감자(敏感者 : sensitive) 혹은 초능력자라고 하여 영매와 구별한다. 초능력자는 어떠한 일로 인하여 능력을 얻는 경우도 있고, 스스로 정신통일법 등의 수련을 하여 되는 경우도 있다. 영매를 이용하여 영을 불러내거나 심령현상을 일으키는 회합을 교령회(交靈會), 강령회, 강신회라고 하며, 영매는 보통 영매 트랜스(입신경지, 최면상태, 무아지경)라고 하는 무의식 상태에 들어가 심령현상을 일으킨다.

영매에는 주로 정신적 심령현상을 일으키는 사람과 물리적 심령현상을 일으키는 사람으로 나뉘어지는데, 전자는 영계를 익히 알며 대예언을 하는 사람으로 에드가 케이시, L. 파이퍼 부인 등이, 후자로는 D. D. 홈, 유사피아 팔라디노 등이 유명하다. 영매에 관한 연구는 19세기 말부터 영국심령연구협회(The Society for Psychical Research)를 중심으로, 영매가 일으키는 현상의 진위(眞僞)에 관해서, 그리고 영매를 이용하여 인간의 사후(死後) 개성(인격)이 존속하는가 그렇지 않은가의 문제에 관해서 행해졌으나, 과학적으로는 아직도 확실한 결론이 나 있지 않다. 그 이유는 그 만큼 정신문제란 물질문제처럼 단순하지 않고 그 연구대상이 많지 않기 때문이다. 영매는 대개의 경우 과학적으로 연구되는 것을 좋아하지 않아, 초심리학적 방법을 사용하여 측정한 결과로, ESP, PK 능력을 관찰한다.

영매가 심령현상을 과학적으로 연구되는 것을 선호하지 않는 이유는, 우선 영매의 진술 등을 믿음을 가지고 대하는 자와, 처음부터 부정하고 대하는 자와의 사이에 큰 차이가 나기 때문이다. 부정하고 대하는 자들이 많으면 많을수록 영매에 의한 심령현상(텔레파시, 염력, 예언, 투시 등)은 잘 일어나지 않는다. 과학자들은, 현상을 믿지 않는 자들 앞에서는 심령현상이 잘 일어나지 않는 것 자체를 비과학이라고 치부하지만, 심령현상이란 정신적 현상으로, 그 정신학의 원리의 첫째인, 기본공리 : 정신의 원리(법칙)와 물질의 원리(법칙)는 다르다 [신물리상이원리(神物理相異原理)]는 것을 모르는 데서 오는 단견이다. 대영능가도 지금 어떤 실험을 하고 있는 중에, 관찰자가 '그것은 안 되는 건데', '불가능한 거야', '말도 안 돼!'

라는 등 악념(惡念)을 계속 불어 넣으면 그 실험은 실패로 끝나고 만다. 점쟁이에서도 마찬가지다. 점을 치러 갔는데, '저 점쟁이가 뭘 알아!', '아마 못 맞출 거야!' 라고 부정적인 마음을 가지고 점을 치면 그 점쟁이는 알아맞히기가 매우 어려운 것이다. 때문에 심령현상의 실험은 동일한 것일지라도 때와 장소(군중의 분위기)에 따라 각각 다를 수 있는 것이다.

그런 현상은 올림픽 경기에서 유능한 운동선수들의 그날의 컨디션, 환경, 관중의 응원, 자신의 정신상태 등이 변수가 되는 것과 같다. 아무리 백발백중의 궁사(弓師)일지라도 화살을 튕기는 그 순간의 마음가짐(정신) 여하에 따라 명중이 달려 있는 것과 같은 것이다. 또한 운동이 힘과 훈련과 기량의 경기이지만 상대방에게 정신력이 위축되거나 자신이 없을 것 같은 생각이 들면 그 경기는 하나마나 패하기 마련인 것이다.

우리나라 올림픽 양궁선수의 감독이 말하는 것을 들은 바, 실로 그 선수들은 육체적 단련만 지독히 하는 것이 아니라, 정신강화훈련을 말도 못할 정도로 한 결과, 세계적 여자 양궁단체전에서 계속 금메달을 땄다는 이야기를 들었다. 선수들의 담력(정신력)을 기르기 위하여 한밤중에 혼자서 공동묘지를 다녀오게도 했고, 수 100미터 고지를 단숨에 뛰어 오르게 했는가 하면, 번지점프의 경험도 시키고, 뱀을 만지고 목에 걸어 보는 일도 시키는 등 별별 위험하고도 무서운 일을 경험하게 했다고 한다.

그런데 정신(마음)이란 갈고 닦으면 한 없이 클 수도 있고 불가능이 없을 수 있는 것이지만, 그 능력이 한 번 닦았다고 해서 장구히 계속되는 게 아니라, 조금만 게을리 해도 느슨해지기 마련이고, 또 한 번 슬럼프에 빠지면 회복하기 어려운 게 정신(마음)이다. 우리나라 야구계의 스타 박찬호 선수도 잘 나갈 때는 잘 되어도 어쩌다 보면 슬럼프에 빠져 헤매는 때가 있었다. 자신의 말로 그런 때에는 고국 고향으로 돌아와 영산(靈山)인 계룡산(공주가 고향이라서도 거기에 갔겠지만)에 올라 한 겨울 계곡 얼음 물 속에서 수양을 하고 다짐하고 나오면 새 힘이 돋았다고 실토하는 말을 들은 적이 있다.

정신은 이렇듯 한 번 먹은 마음이 물질만큼 오래 가지 않아 신자들은 매일매일 기도하고 교회에 나가 설교를 들어 자신의 마음을 반복해서 재무장하고, 또 하고 또 하는 것을 우리는 볼 수 있다. 따라서 영매의 영력이란 것도 한 번 생겨났다 하면 영구적이거나 반영구적인 것이 아니라, 때에 따라 다르고 세월 따라 바뀐다는 것을 알아야 한다. 세계적인 대영매들(이름은 밝히지 않으나)도 한참 잘 나갈 때와 잘 안 될 때가 있을 뿐 아니라, 어느 시기가 되면 이제까지 있던 영력이 전혀 듣지를 않을 때가 있는 것이다. 이 사실을 모르고 영력이 사그러졌는데도 지난날의 명성을 유지하겠다고 되지 않는 일에 속임수를 쓰거나 마술로 커버하려다가 들통이 나서 자신이 망신당함은 물론이고, 그런 실수로 해서 귀중한 영능자의 존재를 일반 사람들은 물론 과학자들로부터 '초상현상이란 존재하지 않는다'는 빈축을 사게 되고, 정신과학을 부정하게 하는 구실을 주고 있다. 이런 사례가 허다한 데 대하여 정신과학자들은 심히 유감으로 또한 아쉽게 생각하고 있다.

여기서 부연하는 것은 정신이란 물질처럼 고정적이지 못하므로 대단히 허술한 면이 있다는 것을 밝힌다. 실재 우리가 우리의 마음을 생각해 보더라도 이제 생각이 금세 또는 수시로 바뀌고 이랬다 저랬다 함을 경험으로 알 수 있을 것이다. 이 점을 영혼 연구자들은 감안하여 판단할 것이다.

그러므로, 김영우 박사가 한 말 "기억을 연구하는 학자들 간에 대체로 합의된 결론은 '인간(영혼도)의 기억은 불완전할 수 있고 상황에 따라 변할 수도 있으며, 언제나 똑같이 재생되어 떠올린다기보다는 매번 재구성된다'고 보아야 한다"[118]고 한 것은 일리 있다고 여겨진다.

10. 심령사진[119]

심령사진을 처음으로 찍은 사람은 1861년에 미국 보스턴의 한 조판공

118) 김영우, 《영혼의 최면치료》(서울 : 나무 심는 사람, 2002), p. 36.
119) 심령사진에 대한 자세한 내용은 필자의 《심령사진연구》(서울 : 우성문화사, 1989)를 참조.

(調版工) 윌리엄 머뮬러이다. [아래 사진 참조] 그 이후에도 심령사진은 수천 번의 실험이 행해졌으며, 많은 사진이 공개되었는데, 잘 알려진 것으로는 영국의 윌리엄 호프의 사진 [아래 후쿠라이 박사 등 일본 학자들의 1928년, 1930년의 실험 사진 참조], 1952년 M. Kelly가 최면(trance)상태에서 찍은 것이 있다.

염사이론에서 보았듯이 염상(念想)이 사진으로 찍히므로 영혼이

미국 머뮬러가 1861년에 찍은 링컨 대통령 부인의 사진. 그 뒤에 사망한 대통령이 서 있다.
[출처 : Tom Patterson, 100 Years of Spirit Photography(London : Regency Press, 1965), p. 34]

사진으로 찍히는 것도 가능하다 하겠다. 심령사진을 찍는 방법에는 사진사가 영매의 힘을 빌어 찍는 것과, 영능력이 있는 사진사가 손수 찍는 것이 있다. 심령사진이 나타나는 방법에도 두 가지가 있는데, 하나는 그 찍는 사람이 의도하는 영을 찍는 것이고, 다른 하나는 의도하지 아니한 영이 우연히 필름에 나타나는 것이다.

전자는 영능력 있는 사진사가 찍는 것이고, 후자는 일반인의 카메라에 우연히 잡히는 것이다. 전자에 대하여는 영국의 윌리엄 호프(1905년~1933년 간 심령사진을 찍음)가 유명했다.

또한 영혼 사진에는 두 종류가 있는데, 죽은 사람의 것과 산 사람의 것이다. 전자는 사령(死靈)사진이고 후자는 생령(生靈) 사진이다.

영혼이 카메라에 노출되는 원리도 염력론에서 찾을 수 있다. 염력가의 염력은 그의 염상을 사진건판에 나타낸다는 것을 우리는 염사이론에서 보았다. 마찬가지로 영혼도 그 염상(염력)이 강하면 사진으로 나타나는 것이다.

심령사진의 종류에서 본 것처럼, 의도적인 사진은 그 사진을 찍는 사람이 능력을 가졌을 경우이고, 우연히 사진에 잡히는 경우는 거기에 찍히는

일본의 심령 연구가 아사노(淺野 和三郎))박사 사후(1937년), 같은 해 부인의 사진에 나타난 모습. 그는 심령 연구의 대가로서 저서 《심령강좌》(심령과학연구회 발행, 1928년 초판, 1968년 증정(增訂) 7판 발행)가 있다.
[출처 : 橋本 健 外. 1974. 《四次元圖鑑》(東京 : 池田書店, 1974), p. 128]

후쿠라이 박사가 1928년 9월 19일 직접 영국 호프에게 가서 1차 실험한 심령사진 [자신의 머리 위에 어떤 부인의 얼굴이 보이고 그 위에 연기 비슷한 것이 보임]
[출처 : 福來友吉, 《心靈と神秘世界》(東京 : 人文書院, 1932), p. 146]

하야가와(무川詮三郞) 씨가 1930년 8월 영국 호프에게서 찍어 받은 사진이다. 하야가와(중)와 야마모토 씨(우측) 등이 찍은 사진에, 야마모토 씨의 누이동생이 나타난 것이다. 당시(일한합방 때) 그녀는 조선(한국)에 와 있었다.
[출처 : 橋本 健 外,《四次元圖鑑》, p. 28]

충남 금산군 남일면 황풍리 이장 박현동 씨가 새마을 길닦기를 마치고 현장을 사진 촬영한 바, 그 곳에 편지 읽는 여인(1975. 1)이 나타났다.
[자세한 설명은 필자의《수당문집 IV-정신과학》중〈심령사진채집기〉참조]

1973년 12월 31일 부산 당감동 화장장에서 찍은 사진에 고인(故人)의 수의(壽衣)가 나타나다. [부산 김성도 씨가 촬영한 것을 심령 연구가 유석형 박사가 필자에게 전해 준 것임]

1961년 10월 12일 미야자키현(縣)의 高千穗神社에서 찍은 스냅사진
에 무당 비슷한 여인이 나타남(위) (아래는 그 영을 확대한 사진)
[출처 : 상동, 《四次元圖鑑》, p. 167]

일본 지바현(縣)의 초등학교 수영장에서 찍은 소년의 스냅사진에 모르는 사람의 얼굴이 나타나다. 이 사
진을 찍은 사람은 소년과 잘 아는 고등학생이었다.
[출처 : 中岡俊哉, 《續 恐怖の心靈寫眞集》(東京 : 二見書房, 1977), p. 43.]

1985년 4월 서울 모 여고생들이 설악산으로 수학여행 중 여관방에서 찍은 사진. 배후에 미지의 여인 그림자 상이 나타나다.

잠시 후에 동일 장소에서 찍은 사진인데 배후의 여인상이 더욱 뚜렷하게 나타나다.
[출처 : 서울 도봉구 미아1동 김영주 씨 제공]

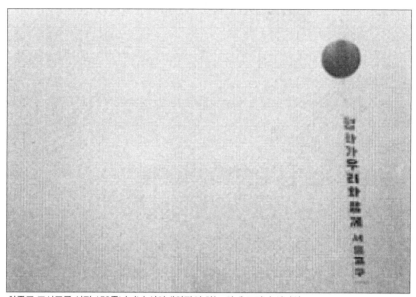

천주교 조선교구 설정 150주년기념 신앙대회장의 하늘 위에 드러난 십자상.
1981년 10월 18일 대회장인 여의도 광장에서 신도 김성팔 씨가 촬영한 사진을 필자가 직접 방문하여
입수하였다. 이 사진은 『경향잡지』 1981년 11월호에 게재되다. (복사를 했기 때문에 십자 모양이 잘 나
타나지 않음.
[출처 : 서울 김성인 씨 제공, 02-386-8036)]

앞 사진과 같은 날 같은 시각에 다른 사람이 다른 방향에서 찍은 것.

영이(어떤 사정에 의해서) 스스로 나타내 보이려는 영력이 강할 때 일어나는 것으로 해석한다.

일례를 들면, 차사고로 사망한 자리(땅)에서 보이는 지박령(자신이 죽은 줄도 모르고 죽은 장소에 붙박여 자주 나타나는 귀신)이나, 원한이 있는 영혼 등은 순수 사망자와 다른 염상(염력)을 가지게 된다.[120]

II. 영의 물질화

1. 물질화의 실제

물질화란 영(혼)의 모습이 실제 육체적 사람처럼 바뀐 것을 말한다. 영이 사진으로 찍히므로 물질화도 가능하다고 본다. 이의 실현은 전적으로 영매의 영력에 의한다. 실험을 통하여 발표한 사람으로는 윌리엄 크룩스 경으로 영국 대물리학자이며 대학교수, 영국왕립한림원장, 영국심령연구협회장(1896~99)을 지낸 학자로서 15세의 영매 플로렌스 쿡크 양을 상대로 물질화 실험을 했는데, 출현한 영은 캐티 킹이라는 여자였다. 그는 수년간 실험한 후 《심령현상》이라는 책을 출판했는데, 그에 의하면, 자기의 물질화 실험은 아주 잘 되어 몇 번이고 사진을 찍었으며, 어느 날 저녁에는 캐티 킹의 맥박을 재어 보니 78번 뛰었는데 쿡크 양의 맥박을 재어보니 보통 때와 같게 80번 뛰었다고 한다. 또한 쿡크 양의 체중도 달아 보았는데, 보통 때 8스토온(14貫)이었던 것이 캐티의 물질화 현상이 이루어질 때에는 겨우 4스토온이었다고 한다.

프랑스 내과의사 구스타프 젤레 박사는 파리의 국제초상현상연구소 소

---

120) 심령사진에 대한 자세한 사항은 필자의 저서 《심령사진연구》(서울 : 우성문화사, 1989)를 참고하기 바람.

장으로서 영매 크루스키 등을 대상으로 엄밀한 실험을 거듭하여 물질화현
상을 의문의 여지없이 입증하여, Geley G.《투시와 물질화》(Clairvoyance
and Materialization, New York : Arno Press, 1975)란 책을 발간했다 [필자
소장 중]. 그는 죽기 2년 전 『국제심령가젯트』지와의 인터뷰에서 소감을
피력하기를, "나는 지금까지 이 문제(심령문제)에 대해서 스스로의 생각
을 바꾸려 한 적은 한 번도 없다. 나는 지금도 일찍이 말했던 것과 똑같이
생각하고 있다. 이승과 저승 사이에 하나의 다리가 놓여 있다는 것은 의심
의 여지가 없는 사실이다."라 했다.

  파리대학 생리학 교수이며 노벨상 수상자, 국제초상심리현상연구소장
직을 역임한 샬 리쉐에 박사는 1890년 다리 박사와 함께 『심령과학년사
(年史)』를 창간하고 계속 연구하여 1923년 《심령연구 30년사》를 출판했는
데, 그는 이 책에서 "사실을 솔직히 말한다면, 우리들은 인격이 죽은 후에
도 생존해 있다는 것을 굳게 믿지 않을 수가 없다. 심령가들의 책을 읽은
적도 없고, 그들의 신조에도 접해 보지 못한 영매들이 어째서 금방 죽은
이의 인격을 체현(體現)하기 시작하는 것일까? 출현된 인격은 어째서 그
렇게도 집요하게, 그렇게도 강력하게, 때로는 매우 추진성을 가지고 자기
의 본색을 주장하는 것일까? 어째서 그 인격은 영매 자신의 인격과 그렇게
도 명백히 구별되는 것일까? 뛰어난 영매들의 이야기들은 일치하게 사후
생존의 이론을 시사하고 있음은 어째서일까?"라고 말하고 있다.

  물질화 실험을 한 학자는 독일 의사 쉬렛싱 놋친, 일본의 아사노(淺野和
三郞) 박사도 유명하다. "일본에서 처음으로 아사노 박사는 가메이(龜井
三郞) 영매를 상대로 화제교령회(和製交靈會)에서 공개적으로 물질화 실
험을 했는데, 심령연구가 오다(小田秀人) 씨는 1931년 및 1932년 그 물질
화를 사진으로 찍을 수가 있었다. 가메이 영매의 코에서 엑토프라즘이 나
옴은 물론, 그 나온 엑토프라즘의 안에 코난 도일 경(1859~1930, 아일랜
드 의사, 유명한 심령연구가)의 얼굴 모습이 나타나는 것을 보았다."[121] [다

---

121) 橋本 健 外,《四次元圖鑑》, pp. 107~111.

음 영매 가메이의 물질화 사진 참조]

영혼을 물질화 한다면 믿는 사람이 거의 없을 것이다. 그러나 실제 물질화를 실험해 보인 학자들의 성과를 보면 이렇다.

물질화란 영매가 자신의 몸이나 그 주위에 있는 물체로부터 축출된 엑토프라즘이라는 재료를 써서 보기에 살아 있는 사람과 조금도 다름 없는 모형을 만들어 내는 것이다. 심령 연구의 대가 아사노(淺野和三郎) 박사는 직접 실험을 해 보고는 물질화 정도를 다음과 같이 구분했다.

가. 유체(幽體)- 육안으로는 보이지 않으나 영시 능력자에게는 보일 정도의 극히 희박한 물질로 된 상태.

나. 기화체(氣化體)- 유

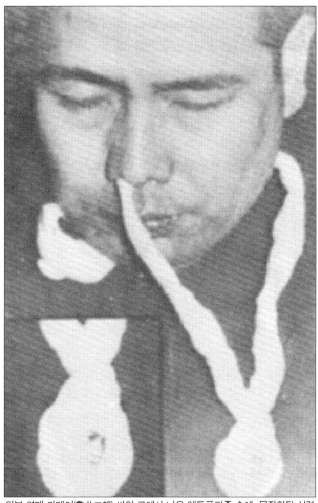

일본 영매 가메이(龜井三郎) 씨의 코에서 나온 엑토프라즘 속에, 물질화된 심령 연구가 코난 도일 경(卿)의 영(얼굴)이 보임. 왼쪽 아래는 그 얼굴의 확대사진.
[출처 : 橋本 健 外,《四次元圖鑑》, p. 111]

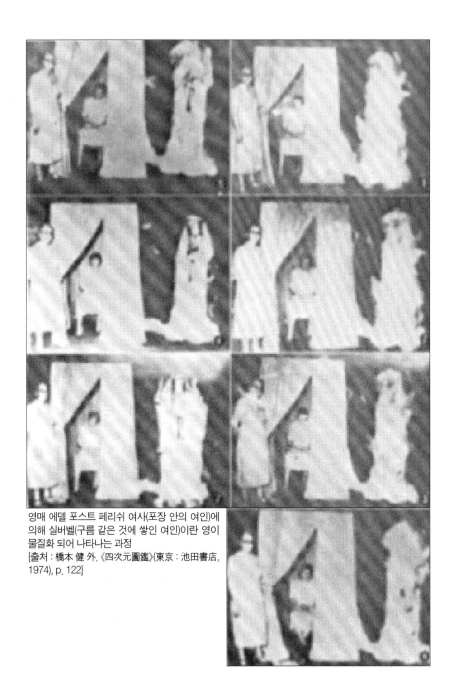

영매 에델 포스트 페리쉬 여사(포장 안의 여인)에
의해 실버벨(구름 같은 것에 쌓인 여인)이란 영이
물질화 되어 나타나는 과정
[출처 : 橋本 健 外,《四次元圖鑑》(東京 : 池田書店,
1974), p. 122]

H. F. 뮬러 박사와 그의 죽은 헬렌 양의 전신물질화 영이 서서히 사라져 가는 모습. [출처 : 일본심령과
학협회 소장]

체보다 일보 전진한 실질화 상태. 보통 육안으로 보일 때도 있다.

　다. 반물질체(半物質體)- 학문연구의 대상이 될 만큼 확실하나 몸 전체가 아니고 부분물질화 상태.

　라. 전물질화(全物質化)- 인간과 똑같은 완전물질화된 상태.

　다음 페이지의 사진들은 1950년 6월 24일 미국 펜실베니아의 이프레러타 하계(夏季) 심령주의자 대회 막사에서 강령회 중, 영매 에델 포스트 페리쉬 여사에 의해 실버벨이란 영이 물질화 되어 나타나는 과정이다(매 50초 간격으로 찍은 사진).

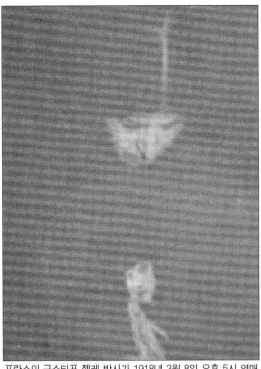

프랑스의 구스타프 젤레 박사가 1918년 3월 8일 오후 5시 영매 에버로 하여금 물질화시킨 아가씨 영의 얼굴.

2. 엑토프라즘

　물질화하기 위한 재료를 엑토프라즘(Ecto-plasm)이라고 한다.

　엑토프라즘이란 과연 무엇이며 어떠한 성질을 가졌는가를 알아보기 위하여, 다음에 루스 웰치 원저(原著), 《영능개발 입문》 제15강[122] 전문을 여기에 소개한다.

　엑토프라즘은 심령현상의 최후의 열쇠라고 볼 수 있다. '물리적 심령현상의 거의 전부가

---

122) 한국심령학회 회지 5·6월 합병호 참조.

엑토프라즘에 의해서 연출되는
것으로 보여지기 때문'이다. '보
여지기 때문'이라고 잘라 말하지
못하는 이유는 엑토프라즘의 본
질 또는 정체를 아직 해명하지 못
하고 있기 때문이다. 물질화현상
에 있어서 실제로 육안에 비치는
것은 실은 엑토프라즘 그 자체는
아니라고도 하다.

오른쪽 사진은 위 영을 확실하게 잡아 사진으로 찍
은 것.
[출처 : Geley, Clairvoyance and Materialization
(New York, 1975), pp.1985~97.]

　필자는 여기서 엑토프라즘의
본질을 직접 논평하는 것을 피하
고 본 논의를 둘로 나누어 「A」에
서 엑토프라즘의 연구가로서 가
장 권위를 가지고
있는 J. 라이트 씨
가 제공한 엑토프
라즘 연구에 관한
제 사실을 열거한
다.
　본질을 해명하
기 위해서는 제반
의 연구를 종합적
으로 검토함을 선
결로 하고, 이것
이 끝난 다음 「B」
에서의 라이트 씨
의 연구성과에서
필자가 배운 것을

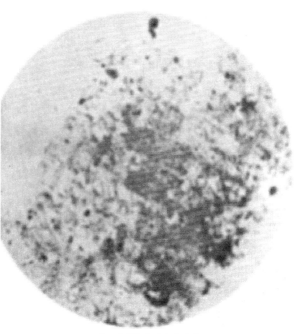

엑토프라즘의 현미경 사진

설명하기로 한다.

A. 라이트 씨의 연구성과

1) 엑토프라즘 그 자체를 오관으로 실제로 감지한 사람은 없다. 엑토프라즘의 현상은 엑토프라즘 그 자체가 아니다.

2) 엑토프라즘은 '물체' 라기보다는 현상의 '한 과정' 이다.

3) 그 과정은 에텔계에서 행하고 있다. 따라서 이것을 인간의 말로 설명하기는 극히 어려운 일이다.

4) 무게와 크기를 가지고 힘의 작용을 받는 것을 '물(物)' 이라 칭하고 있는데, 만일 엑토프라즘이 이와 같은 3가지의 조건을 구비하고 있다고 판명되면 '물(物)' 이라 칭해도 좋다.

5) 실험중에 영매의 요소가 분해되어서 반물질을 구성한다. 코난 도일 씨는 이것을 물질과 물질의 '중간숙(中間宿)' 이라고 하고 있다.

6) 그 반물질체는 보통의 '물질' 과는 성질이 다르다.

7) 영매의 체내에서 분해된 반물질체는 가스체로 되어서 신체의 구멍 (주로 입, 코)에서 체외로 나온다.

8) 구멍에서 나오는 것이 아니라, 구멍의 점막이 표피보다 통과하기 쉬운 까닭이다.

9) 점막을 통과해서 체외로 나오면 곧 가스체에서 점착성 있는 액상체로 변화한다.

10) 그 액상체는 물질로서의 요소를 몇 가지 구비하고 있으나, 좌우상하로 움직임이 너무 자유자재이기 때문에 인력과의 관계는 아직까지 확답하기 곤란한 물체이다. 우리들 인간의 팔을 높이 올렸을 경우에 힘이 빠지고 인력관계로 아래로 처지려고 한다. 그 인력에 항거하기 위해서는 인간은 '의지' 의 작용을 필요로 한다. 만일 이 액상체를 '물' 이라 판정한다면 이것은 정녕 '생물' 이라고 칭해야 할 것이다.

11) 그 색도 아직까지는 확답할 수 없다. 왜냐하면 그 색은 비치는 광선

의 성질에 따라 달라지기 때문이다.

12) 지금까지의 촬영된 색을 보더라도 눈부실 정도의 백색에서 흑색에 이르기까지 여러가지 색이다.

13) 액상체가 나오는 '곳' 과 '색' 과의 관계는 현저한 차가 있다. 즉 목의 상부에서 나오는 색은 백색이고, 복부의 태양신경총 근처에서 나오는 것은 엷은 흑색이고, 그보다도 하부분에서 나오는 것은 진흑색이다.

14) 영매 마쟈리의 실험회에서 나온 그 유명한 윌타령의 '손' 은 진흑색이었다.

15) 액상체는 그 출소와 같은 형태를 가질 수가 있다. 또 색도 그 출소의 조직과 같은 색으로 나올 때가 있을 것이다. 또 사진에 촬영되는 색도 꼭 조명되는 색에만 따라서 변하는 것이 아님도 확실하다.

16) 그 자체가 발광성을 가진 생물일지도 모른다. 그 이유로서 반딧불을 보고도 알 수 있듯이, 발광체의 생물은 자기가 자유로 그 광도를 변하게 할 수 있기 때문이다. 백색의 의장을 하고 나오는 물질화령의 백색도는 우리가 보통 보는 백색의 물체와는 전혀 다르다. 입회인 등의 셔츠의 백색 같은 것과는 전혀 비교되지 않는다.

17) 물질화현상이 일어날 때에 한해서 마루(방바닥)에 물이 뿌려져 있다. 이 사실로 판단할 때, 반물질체가 영매의 신체에서 나올 때는 다량의 수분이 포함되는 것으로 추찰된다. 마루에 떨어진 물이 보일 때는 수분이 너무 많았을 때로 본다.

18) 영매의 체내에서 분해된 가스체가 체외에 나와서 액상체로 된 직후와 그것이 목적에 사용되기 시작될 때와의 경도는 약간의 차가 있다. 예를 들면 물체를 부양시키는 경우를 보면, 엑토프라즘이 물체에 근접할 때는 경도가 강해진다.

19) 액상체가 길게 뻗혀서 중간이 육안에 보이지 않을 정도로 희박해 있으나 거기서 끊어져 있는 것은 아니다. '어떤 물체' 에 의해서 보충되고 있는 것인데 그 '어떤 물체' 라는 것은 액체도 아니고, 고체도 아니고, 가스체도 아니다. 가스보다도 일층 자유성이 있는 '어떤 물체' 인 것이다. 그런

데 가스같이 형체가 붕괴되는 일이 없고 그 안전성은 관속에 채워진(전)
액체와 같지만 실은 관같은 것은 없고, 그저 '어떤 물체' 라고 할 수밖에
없다.

20) 그 '어떤 물체' 가 즉 우리가 알고자 하는 엑토프라즘이다. 지금까지
설명한 것은 '물질화된 엑토프라즘' 의 현상을 말하는 것이고 엑토프라즘
은 아니다.

21) 물질화령의 신체나 의장을 만져보면 조금도 보통인간과 다른 것이
없다. 그러나 체중을 달아보면 예상의 5분의 1 또는 6분의 1밖에 되지 않
는다. 이런 사실로 볼 때 물질화령의 몸은 보통육체와는 전혀 다른 물질로
되어 있음을 알 수 있다.

22) 먼저 말한 '어떤 물체' 가 물질화령의 형체를 지지하고 있는 것으로
추찰되는데, 이제부터 그 '어떤 물체' 를 '엑토프라즈믹 포스(Ectoplasmic
force)' 라고 칭하기로 한다.

23) 엑토프라즈믹 포스는 전기의 양도체이다.

24) 적외선을 조사하면 그의 70%까지 반사한다.

25) 바리움 시안화(化) 백금을 바른 스크린을 배후에 놓으면 그림자가
비친다.

26) 어떠한 금속이라도 관통되며 전혀 저항이 없다.

27) 절연체에는 반응이 있다. 이상은 물리적 현상이다.

28) 생물학적으로 고찰하면 물질화 현상은 '출산' 하는 과정과 같다. 즉
영매가 물질화하는 영혼에 형체를 제공하는 현상이다.

29) 어떠한 출산이나 발생의 과정이 암흑(어두운 곳)에서 이루어지듯이
물질화 현상도 암실에서 이루어진다. 과학자의 학설에 따르면, 지구의 대
기권이 좀 더 희박했더라면, 지구상에 생명의 탄생이 불가능했을 것이라
고 했다. 그 이유로서 광선은 생명의 발생에 있어서 유해함을 말하는 것이
다.

현재 인체가 태양광선에 이겨 나갈 수 있는 것은 피부세포에 저항력이
구비되어 있기 때문이다. 물질화 현상이 암흑에서 행하여지는 것은 이례

(異例)도 아니고 변태도 아니다. 어디까지나 자연의 이법(理法)인 것이다.

30) 미숙한 영매가 실험한 때는, 현상이 일어나기 직전에 찬(冷) 바람이 떠돌 때가 있다. 이것은 현상을 일으키기 위해서 실내 어디선가 에너지의 전환작용이 이루어지고 있는 증좌다.

31) 부분적 물질화 현상이 일어날 때는 온도가 극도로 하강할 때가 있다. (섭씨 4도 정도까지) 이것은 영매의 역량 부족을 보충하기 위해서 실내에서 에너지를 흡수하는 까닭으로 본다.

32) 물질화 된 것은 대소, 형태, 종류 여하를 막론하고 꼭 배꼽줄 같은 끈으로 영매와 연결되어 있다.

33) 암실은 모체의 자궁에 상당하는 것이다. 캐비넷 내에서의 준비는 자궁에서의 태아의 발육과도 같이 되도록 시간을 충분히 가지는 것이 좋다. 적외선을 발견함에 따라 캐비넷의 커튼에 너무 신경을 쓸 필요가 없게 되었다.

34) 인간의 출산 시에도 위험과 공포가 따르기 마련인 것같이, 물질화령이 출현할 때도 많은 위험과 공포가(물질화령 자신의) 따르기 때문에, 입회인은 이것을 잘 이해해 두어야 하며, 함부로 일을 저지르지 않도록 주의해야 한다. 위험을 감지했을 때는 물질화령은 즉시 소멸되고 만다.

35) 인간의 물질화 현상은 말하자면 재창조되는 것이고 결코 새것을 창조하는 것이 아니다. 따라서 신화에 나오는 반인반수 같은 괴물은 창조할 수가 없는 것이다.

36) 물질화 현상에 있어서 물질화령의 전생시의 지문을 채취할 수가 있다.

37) 이 지문을 채취할 수 있게 됨에 따라, 물질화 현상의 근본원리가 명백하게 되었다. 즉 물질화 현상이란 영혼의 형태를 그대로 똑 같은 것을 만드는 것이 아니라 영혼의 형체의 내부 외부에 엑토프라즘이 충전되는 현상이다.

38) 영혼의 형태라 함은 그 영혼의 현재의 형체가 아니고, 사망시에 지구에 남겨놓은 '형(型)' 또는 '각(殼)' 을 말하는 것이다. 몇 십년 또는 몇

백 년 전에 타계한 어린이가 그 당시의 모습으로 나타나는 것은 이러한 원리 때문이다.

39) 그러나 이 원리에는 예외도 있다. 사산, 유산, 발육불능 등으로 지상생활을 체험하지 못하고 타계한 영혼의 경우인데, 이러한 영들은 에텔계에서 발육한 신체를 가지고 나온다.

40) 심령현상은 에텔계와 물질계와의 협동작업이지만, 물리적 법칙을 무시하는 일들은 절대로 없다. 예를 들면 물질화령의 체중이 50파운드일 경우에는 영매의 체중은 꼭 50파운드 감소되는 사실이다.

41) 물체가 떠올랐을 때는 반드시 그 물체를 떠받드는 것과 또 물체를 달아매는 것이 있다.

42) 이때에 부양된 물체의 중량은 영매에게 실린다. 즉 물체가 30파운드면 영매의 체중은 30파운드 증가된다.

43) 액상체는 부정형이지만 항상 조직화 되려고 하는 경향이 있다. 다시 말해서 언제나 명령에 순종하려는 준비를 가지고 있다.

44) 영매가 전라(全裸)일 경우 또는 피부에 액상체가 나왔을 때는, 그 액상체는 셀로판같이 투명한 몇 장의 시트를 구성하는 경향이 있다.

45) 반대로 영매가 의복을 입었을 때 또는 액상체가 의복 내부에 나왔을 때는 그 액상체는 시트 천(올이 굵게 짜여진 얇은 면포)과 같이 되어 버리고, 형체나 감촉은 영매의 복지(服地)와 같이 되는 경향이 있다.

46) 액상체가 영매로부터 멀리 떨어진 곳에 있었을 때는, 그 조직이나 감촉은 그 실내에 있는 직물(커튼, 융단 등)에 닮는 경향이 있다. 극단적일 때는 그 조직의 수선 한 곳이 그대로 그 액상체에 나타난다.

47) 성서를 보면 소량의 빵이 신의 힘으로 수 천개로 증가되고, 두 마리의 물고기가 수 천마리의 물고기로 되었다는 기적이 쓰여져 있는데, 46)의 사실에 의해서 그러한 것을 실험실 내에서 할 수가 있는 일이다. 예를 들면 입회인의 수건과 꼭 같은 것을 만들려고 하면, 그 수건을 형(型)으로 하여 액상체에 프린트하면 된다. 이것으로 성서의 기적이 물품수집현상이 아님을 알 수 있다. 만일에 그 기적의 원료가 된 몇 개의 빵이 밀가루로 만

들어져 있으면, 증가된 빵도 밀가루로 되어 있을 것이다. 따라서 처음 몇 마리의 물고기가 도미였다면 증가된 물고기도 도미였을 것이다.

48) 액상체로 되어 있는 시트에는 투명한 것과 섬유질인 것이 있는 것은 그 나름의 목적이 있는 것이다. 투명한 것은 현상의 과정을 입회인에게 보여주기 위한 것이고, 섬유질인 것은 물질화령을 출산할 때 이를 보호하기 위해서 사용된다. 어떠한 생명체의 출산에는 보호낭(囊)이 따르게 마련이다.

49) 이상으로써 보통 엑토프라즘이라 불리우는 액상체의 소질이 실내의 장식품에서 섭취되고 있음이 명백해졌으나, 그 이외에 입회인의 신체에서도 추출되는 수가 있다. 몇 번이고 실험에 입회했던 경험을 가진 사람이 피로감을 느끼는 이유가 여기 있다.

50) 시험으로 빨간 꽃을 실내에 놓았더니, 물질화령의 의복에 그 꽃과 똑 같은 색이 나타났다. 여성 입회인에게 적색 옷을 입게 했을 때도 이러한 현상이 있다.

51) 잠옷 바람으로 입회했더니 잠옷색이었고, 코트를 입고 입회했더니 역시 코트색이었다.

52) 인디언 추장이 물질화령으로 나온다기에 각양 각색의 포지(천조각)를 준비했더니 기대한 바와 같았으나, 이 실험에서 뜻밖에 '의장(擬裝)'이라는 혐의를 받았다. 물질화할 때는 그 상당의 원료를 필요로 하게 마련이고, 그 원료는 될수록 가까운 곳에 있어야 한다.

53) 위의 3항목은 에텔화 현상에는 적용되지 않는다. 에텔화 현상과 물질화 현상과는 별개이다. (에텔화 현상은 다음에 설명하겠다.)

54) 물질화령의 입에서 입회인의 목소리가 나올 때가 있다. 이 사실로 보아서 물질화령이 입회인의 '성대' 까지도 차용하고 있음을 알 수 있다.

55) 물질화령 또는 입회인의 지문도 자유로 만들 수가 있다.

56) 심령학적으로 보아 물질화령과 제일로 밀접한 관계가 있는 것은 두 말할 것 없이 영매인 것이다.

57) 물질화령과 영매와는 문자 그대로 일체인 것이다. 영매의 신체가 부

풀어 있고 그 일부를 영혼이 점령하고 있는 것과 같은 상태이다.

58) 이와 같이 물질화 현상은 전형적인 영매현상이다. 즉 영매의 신체와 정신적 기능을 이용하여 일어나는 현상이다. 영매라는 일개의 유기체를 영매 자신과 출현령이 공동으로 사용하고 있다고 해도 좋다. 이것은 영매의 입에 술을 한 모금 물게 하면 물질화령의 입에서도 술냄새가 나는 것으로 알 수 있다. 또 만일에 물질화령의 원료의 주성분이 입회인에서부터 추출될 때에 그 입회인이 담배를 피우면 물질화령에서 담배 냄새가 난다. 물질화령에서 자기의 목소리가 들리고, 입회인의 지문이 채취되는 일이 있는 것은 같은 원리에 의한 것이다.

59) 같은 원리에 의해서 물질화령에게 주는 위해(危害)는 영매 또는 입회인에게까지 파급된다. 또 그 반대도 역시 그렇다. 그러므로 허가 없이 물질화령 또는 영매 또는 물질화령과의 관계가 있어 보이는 입회인에게 접촉해서는 안된다.

60) 만일 어떠한 원인으로 물질화령의 피부에 검은 기미 같은 것이 생겼을 경우에는 그것과 꼭 같은 기미가 영매 또는 입회인 신체의 동일 개소에 나타난다.

61) 만일에 물질화령의 신체에 접촉해도 좋다는 양해 또는 신체의 일부 즉 머리의 일부를 잘라도 좋다는 양해를 얻었다 할지라도, 모조품이라는 기분으로 경솔하게 하는 일들은 좋지 않다. 먼저 말했듯이 아무리 형식상의 모조품이라 할지라도 실질적으로는 영매와 밀접, 불리의 관계에 있기 때문에 물질화령의 머리털을 자른 것은 영매의 것을 자른 것으로 생각하고 신중을 기해야 한다. 머리털뿐 아니라 옷의 일부를 자를 때도 같은 배려가 필요하다.

62) 잘라낸 그 일부는 엑토프라즘 그것이 아니다. 엑토프라즈믹 포스라고 불리우는 불가사의한 힘에 의해 되어 있는 물질에 지나지 않는 것이기 때문에 무게와 크기가 있고 역학적 작용에도 반응이 있다.

63) 잘라낸 것을 현미경으로 조사했더니, 신체에서 자른 것(머리털 등)은 영매의 표조직에 흡사하고, 의류에서 자른 것은 실내의 섬유제품 특히

영매의 의류, 캐비넷의 커튼의 조직과 꼭 같은 것이었다. 또 성질적으로는 질소화합물의 성질을 가지고 있고, 필라멘트는 언제나 단일하였다.

(64) 물질화령의 체중은 대개 영매보다 가벼운 것이 통례이지만, 때에 따라서는 영매의 체중을 오버할 때가 있다. 이제까지의 최고기록으로는 300 파운드(약 36관)가 되는 영이 있었다. 이와 같은 때 즉 물질화령의 체중이 영매의 체중을 오버했을 때는, 정해 놓고 입회인의 수가 많았을 때였다. 이러한 사실로 보아도 액상체의 원료가 입회인으로부터 추출되고 있는 사실을 알 수가 있다.

(65) 물질화령은 또 영매로서는 따를 수 없는 힘을 지닐 때가 있다. 이런 때는 물질화령 이외의 힘이 가해지고 있음은 물론 타당한 일이지만 그저 외부에서 오는 힘만이라고 단정할 수가 없다. 왜냐하면 선풍기로 물질화령에게 강력한 바람을 보내 보았더니, 그 물질화령의 의복 위에 가볍게 걸어놓은 엷은 천은 마치 철판으로 만들어진 것처럼 미동도 하지 않았다는 사실이었다. 이로 보아 액상체의 내부에는 특수한 에너지 조직이 있는 것으로 추찰(推察)된다. 어떠한 물리적 장치가 없는 한 물질을 에너지로 전환할 수는 없는 일이기 때문이다.

(66) 영매가 백인일 경우에는 출현하는 영도 백색으로 나타나는 것이 보통이다.

(67) 물품수집현상은 심령현상이긴 하지만, 순수한 '영매현상' 이라고는 볼 수 없고 수집해 온 물품이 반드시 '영매' 를 소재로 만들어지는 것은 아니기 때문이다. 물품수집현상에는 단순히 타처에서 운반해 오는데 지나지 않을 때와, 엑토프리즘을 써서 만들어질 때가 있는데 후자는 목적을 달성하고는 소멸되고 만다.

(68) 물질화현상이 가해진 물품수집현상의 원리는 현재 아직도 지상에서 생활하고 있는 사람이 나오는 직접 담화현상의 원리와 같다. 이때의 그 목소리의 주인은 육체에서 빠져 나와 복체의 모습으로 실험장을 방문하여 영매가 추출한 액체를 자기의 목(인후)의 형(型)에 맞추어 넣고 말을 하는 것이다. 이것과 같은 원리에 의한 물품수집현상이면 순수한 영매현상이라

할 수 있다.

69) 물질화령이 경상(鏡像) 즉 반사상(反射像)의 형으로 출현할 때가 있다. 즉 지상에서 오른손잡이였던 사람이 왼손잡이로 출현하고, 두 발을 좌편으로 넘겼던 사람이 우편으로 넘기고 나타나는 따위의 현상이다. 지문이 거꾸로 찍힐 때도 있다. 지문이 단순하게 평면적으로만 반대로 될 뿐 아니라, 요철까지도 반대로 되어 있다. 이 경상(鏡像)현상의 내면기구는 아직까지 남겨진 중요한 과제이다.

70) 때로는 입에 들어갈 수 있을 정도로 작은 물질화상이 나타날 때가 있다. 그처럼 작으면서도 일체의 형체와 기능을 갖추었으며, 결코 엉터리의 모조품은 아니다. 인간이 죽을 때 남기는 껍질 '각(殼)'을 축소해서 보존하는 것이 아닌가? 하는 설이 있는데, 이 현상도 경상현상과 같이 금후의 연구를 기다려야 할 중요과제의 하나가 된다.

71) 이상은 주로 순수한 물질화 현상의 연구결과였지만, 이 이외에도 물질화 현상에 속하는 것이 3가지 있다. 즉 변모현상, 의장현상, 에텔화현상 등 삼종이다.

72) 변모현상은 액상체가 영매의 안면에서 스며 나와서, 그것이 차차로 한 사람의 영혼 즉 영매에 빙의하고 있는 영혼의 얼굴로 변해가는 현상이다. 액상체가 스며 나올 때는 꼭 연백분을 얼굴 전체에 마구 바른 것 같지만 그 흉한 얼굴이 차차 변화해서 빙의령의 얼굴이 되면 캐비넷 속에서 걸어 나오는 것이다.

73) 의장현상이라 함은 출현하려고 하는 영혼이 미리 자기와 얼굴이 비슷한 형체를 만들어 놓고, 그 다음에 그 형체 안으로 들어가서 자기의 모습에 꼭 맞도록 맞추어가는 현상이다. 의복을 입는 것과 같다고 보면 된다. 대략 만들어진 형체 안에 침입한 영혼은 될 수 있는 대로 생전의 자기의 모습에 맞도록 내부를 세공하다가 체제가 정리되면 캐비넷 속에서 나온다. 따라서 이 물질화 현상은 어디까지나 '모조품'이고 말하자면 '나는 지상에서는 대체로 이러한 형태를 하고 있었다'라는 것을 표시하기 위한 '대표물' 밖에 되지 않는다. 그 물질화 현상이 '만들어'지는 이상, 그것을

'만드는' 기사가 배후에서 일하고 있음에 틀림없다.

74) 에텔화 현상은 쉽게 말해서 '투명체로 보이는 물질화상'을 말한다. 그 내면기구는 다른 물질화 현상보다 훨씬 자유로운 것으로 사료된다. 그 이유로는 다른 물질화 현상에서 보여주는 물질화 현상의 원료를 꼭 실내에서 취하는데 반하여, 에텔현상에서는 아메리카 인디안과 같이 복잡한 장신구라든가, 인도인의 보석이 달린 타방 같은 실험실에는, 원료가 없는 것까지 달고 입고 나오기 때문이다. 이 에텔화 현상은 절대로 말을 안 한다. 비록 말을 하여도 입만 움직일 뿐 음성은 전혀 들리지 않는다. 물질화의 농도가 희박하니 당연지사이다. 유령화에 나오는 유령은 대개 이 에텔화상이다.

75) 이상이 엑토프라즘에 관한 연구결과다. 오관과 지능을 구사해서 얻은 인간적 노력의 산물인 것이다. 이 중에서는 영계인으로부터 직접 가르쳐 받은 것은 하나도 없다. 결과에서 원인을 추구하는 것, 즉 현상에서 내면기구를 탐지하는 것이 인간적 노력의 올바른 길이 될 것이며, 또 인간의 숙명이기도 하다.

B. 라이트 씨의 연구가 가리키는 것

이상으로서 우리들은 지금까지 밝혀진 엑토프라즘에 관해서 최대한도의 자료를 얻은 것이 된다. 금일의 단계에서는 이 이상의 자료는 얻지 못할 것이다.

이상과 같은 자료를 읽고서 얻은 제일의 인상은 엑토프라즘은 단순한 물질이 아니고 그 자체가 살아있는 '생물'이며, 그 생물은 이념이나 기억력으로 자유자재로 활약하고 있다는 것이다. 금후의 연구는, 이 사실 즉 '엑토프라즘은 살아있다'는 것을 제일의 전제로 하지 않으면 안 된다고 본다. 심령학자 가운데서 이것을 사이코프라즘이라 칭하는 사람도 있다 ('사이코'에는 정신 또는 영혼이란 뜻이 있다).

그 제일인자가 예의 《심령학교실》의 저자로 알려진 하리 보딘톤 씨로서 저서에 이렇게 설명하고 있다.

　우리들을 둘러싸고 있는 자연계는 전혀 '물질'의 범주를 초월한 어떤 불가사의한 힘이 응축한 것이다. 유기체인 인간도 마찬가지다. 인간에 있어서는 그 힘은 신경조직 안에 들어 박혀서 우리들이 먹는 고형(固形)물은 육체의 일부를 만들고, 동시에 체구를 지탱하는 에너지로 전환되고, 정신적으로는 감성이나 사상 또는 표현기능의 발달을 촉진시킨다.
　그러므로 우리 인간의 육체에서는 상시 물질화 현상이 일고 있으니, 이런 의미에서 인간은 훌륭한 물질화령인 셈이기도 하다. 그 힘을 사이코프라즘이라 한다.

　여기까지 오고 보면, 엑토프라즘의 연구는 단순한 실험실에 있어서의 물질화 현상의 해명에서 그친 것이 아니라, 물질의 그 자체, 인체 또는 생명의 탄생 등의 본질의 해명에까지도 손을 뻗치고 있다. 아니 한 걸음 나가 있는 셈이다.
　예를 들어서 인간의 출산에 대하여 생각해 보면, 만일 보딘톤 씨의 말대로 인간이 물질화령이라면, 그 물질령 안에서 심령실험과 같은 원리로 다시금 새로운 물질화령이 탄생되어도 조금도 이상하지 않을 것이다. 이것은 정녕코 자연계의 인과율 즉 원인이 결과를 낳고, 그 결과가 또 다시 원인이 되어 새로운 결과를 출생해 나간다는 불변율을 가르칠 절호의 구체예이다. 자연은 전부가 심령현상이다.

　심령현상은 결코 불가사의한 이상현상은 아니다. 여기까지 오면, 우리들은 벌써 심령현상 즉 자연현상이라고 단정해도 좋은 것이다.

결어

　이상 정신이란 전자적(電磁的) 고(高)에너지로서 사물의 정보를 자율적으로 입·출력하며, 종합·판단·추리하여 대내외적으로 영향을 미치는 작용 또는 그 집합체라 정의하고, 정신을 심, 영, 신₁으로 구분하여 설명했으며, 모든 사물에는 신₂성이 있다는 것, 신과학으로서의 정신과학의 긴요성, 심령과학에서 연구된 초자연현상(ESP, PK)에 대하여 자세히 고찰하고, 정신의 원리, 법칙을 다음과 같이 정리하였다.

　정신학의 공리 : 정신의 원리(법칙)는 물질의 원리(법칙)와는 전혀 다르다 [신물리상이칙(神物理相異原理)].
　정신학의 정리로서
　정리1 : 정신과 물질은 불가분이다(神物不可分原理).
　정리2 : 생각(想念)은 실재이다(念卽實原理).
　정리3 : 상념은 시공간을 초월한다(念超越時空原理).

　세 가지를 들었고, 또한 정신의 법칙으로서

　제1법칙 : 생각하면 생각한 대로 이루어진다(念則成則).
　제2법칙 : 염력은 만사물에 영향을 준다(念力則).
　　　　제1항 염력은 마음(心)에 영향을 준다.
　　　　제2항 염력은 영(혼)에 영향을 준다.
　　　　제3항 염력은 신₁(God)에게 영향을 준다.
　　　　제4항 염력은 인체(人體)에 영향을 준다.

제5항 염력은 식물(植物)에 영향을 준다.

제6항 염력은 물체(物體)에 영향을 준다.

제7항 염력은 만사(萬事)에 영향을 준다.

정신 제3법칙 : 상념은 말에 의하여 강화된다(言增力則).

정신 제1법칙은 만능법칙이며 황금법칙으로서, 그 원리를 이해하고 응용 실천하면 얼마나 삶에 유익한가를 보였으며, 또한 영혼이란 무엇이며, 사후도 존속한다는 것, 영계는 상념의 세계이며 생각하면 실현된다는 것, 상념이 사진으로 찍힌다는 것(염사), 나아가 영혼도 사진으로 찍힘과 그 메카니즘, 영혼의 물질화에 대하여도 설명했다.

정신원리를 모르는 데서 초상현상 등을 부인하거나 정신과학은 과학이 아니라고 치부함은 오류라는 것을 지적하였다.

참고문헌

강건일. 1998.《신과학은 없다》상, 하권. 서울 : 지성사.

_____. 1999.《신과학 바로알기》서울 : 가람기획.

과학사상연구회. 1991.《과학과 철학》제2집. 서울 : 통나무.

권영대 외. 1975.《우주 · 물질 · 생명》서울 : 전파과학사.

김봉주. 1982.《심령과학도감》대전 : 창학사.

_____. 역. 1976.《유체이탈》서울 : 태종출판사.

_____. 1989.《심령사진연구》서울 : 우성문화사.

_____. 1999, 2003, 2007《현대과학으로 본 기 · 역》충남대학교 출판부.

그린하우스, 하버드. 김봉주 역. 1986.《심령과학 입문》서울 : 송산출판사.

김영우. 2002.《영혼의 최면치료》서울 : 나무 심는 사람.

김용낙 역. 1960.《최면술의 비결》서울 : 토픽출판사.

김상일. 1991.《현대물리학과 한국철학》서울 : 고려원.

다니구지 마사하루(谷口雅春). 한국판. 1977.《생명의 실상》서울 : 태종출판사.

데이비스, 폴. 류시화 역. 1988.《현대물리학이 발견한 창조주》서울 : 정신세계사.

맥스웰, 존. 조영희 역.《생각의 법칙》서울 : 청림출판사.

무라야마 지준 저. 김희경 역. 2008.《조선의 귀신》서울 : 동문선.

백남철 편저. 1982.《코즈믹 바이블》서울 : 갑인출판사.

베이트슨, 그레고리. 박지동 역. 1990.《정신과 자연》서울 : 까치.

베커, 로버트 및 게리 셀든 저. 공동철 역.《생명과 전기》서울 : 정신세계사.

벤토프, 이차크 저. 류시화 · 이상무 역. 1987.《우주심과 정신물리학》서울 : 정신
　　　세계사.

브리스톨, M. 크라우드. 2005.《신념의 마력》서울 : 정음사.

샤피로, 데비. 송순봉 역. 2001.《마음으로 몸을 고친다》서울 : 도솔.

스기하라 도시오 저. 변기호 · 변기우 역. 1996.《생명에너지 원론》서울 : 일지사.

스웨덴보르그, 임마뉴엘 저. 하재기 역. 1975《나는 영계를 보고 왔다》서울 : 태종
　　　출판사.

신과학연구회. 1986.《신과학운동》서울 : 범양사.

오스트랜더/ 스크루우더 저. 소봉파 역《소련권의 사차원 과학》서울 : 일신사.

오스틴 죠엘 저, 정성묵 역. 2006.《긍정의 힘》서울 : 두란노.

울프, 프레드 A. 저. 박병철 · 공국진 역. 1993.《과학은 지금 물에서 마음으로 가
　　　고 있다》서울 : 고려원미디어.

윌버, 켄. 박병철 · 공국진 역. 1990.《현대물리학과 신비주의》서울 : 고려원미디
　　　어.

유석형. 1974.《영혼의 세계》서울 : 금란출판사.

板谷 樹/宮澤虎雄 저. 안동민 역. 1974.《心靈科學》서울 : 대종출판사.

이효범. 1990《심리철학의 근본 문제》서울 : 소나무.

이상명. 1994《기과학》서울 : 대광출판사.

_____. 1995《생체자기학》부산 : 동문출판사.

죤슨, 캔달 저, 충남대학교 심령과학연구회 역. 1988.《사진으로 본 비물질세계》
　　　서울 : 송산출판사.

처치랜드, P. M. 저. 석봉래 역. 1992.《물질과 의식》서울 : 서광사.

충남대학교 심령과학연구회.《심령 연구》

최한기 저. 손병욱 역. 1993.《기학》서울 : 여강출판사.

카푸라, F. 이성범.김용정 역. 1979 및 1989.《현대물리학과 동양사상》서울 : 범양
　　　사.

_____. 이성범 · 구윤서 역. 1985.《새로운 과학과 문명의 전환》서울 : 범양사.

탤보트, 마이클 저. 이균형 역. 1999.《홀로그램 우주》서울 : 정신세계사.

프리쯔쉬, 하랄드 저. 이희건 · 김승연 역. 1992 개정판.《철학을 위한 물리학》서
　　　울 : 가서원.

하이젠베르크, 베르나 저, 패러다임전환국민교육원 역, 1998.《양자역학이 사고
　　　전환을 가져온다》서울 : 윤당.

하루야마 시게오. 반광식 역. 1996.《뇌내혁명》서울 : 사랑과 책. 한국심령과학회

「회보」

혜윤 스님. 2000.《전생을 알면 정말 인생이 다라라지나요》서울: 인화.

혼바 사부로 저. 조경철 역. 1995.《초광속입자 타키온》서울 : 전파과학사.

히로세 타치시게 저. 박익수 역. 1989.《반물질의 세계》서울 : 전파과학사

일서(日書)

淺野和三郎. 1968.「心靈講座」東京：心靈科學硏究會.

雁谷淸. 1978.「心靈術の入門」東京：KK.

猪股修二. 1984.「超常現象には法則があった!」東京：KKロングセラーズ.

_____. 1987.「ニュ-サイエンスのパラダイム」東京：技術出版.

_____. 1990. "現代物理學の崩壞と氣のエネルギ-革命". ?たま?. No. 67(1990. 6).

大橋正雄. 1983.「波動性科學入門」. 東京：たま出版社.

_____. 1994.「波動性科學」. 東京：たま出版社.

小熊虎之助. 1974.「心靈現象の科學」東京：芙蓉書房.

佐佐木浩一. 1976. 思念力百科. 東京：たま出版社.

小野澤精一 外. 1991.「氣の思想」東京：東京大學出版會.

砂生記宜.藤原 肇. 1992.「宇宙波動と超意識」東京：東明社.

關 英男. 1984.「サイ科學の全貌」東京：工作社.

實藤 實, 1990, "無限の新エネルギ獲得の理論",「たま」69(6月號).

高橋宮二. 1933.「千里眼問題の眞相」. 東京：人文書院.

田中千代松. 1971.「新靈交思想の硏究」東京：共榮書房.

中岡俊哉. 1974.「恐怖の心靈寫眞集」東京：二見書房.

_____. 1977.「續 恐怖の心靈寫眞集」東京：二見書房.

橋本 健 外. 1974.「四次元圖鑑」東京：池田書店.

福來友吉. 1932.「心靈と神秘世界」東京：人文書院.

양서(洋書)

A. S. P. R. April 1981. The Journal of the American Society for Psychical Research.

Aurobindo, S. 1957. The Synthesis of Yoga. Pondicherry, Indiana: Aurobindo

Ashram Press.

Baker, J. and G. Allen. 1970. Matter, Energy and Life. London: Addison-Wesley Pub. Co.

Bergson, S. Matter and Memory. New York: Macmillan, 1929.

Bohr, N. 1934. Atomic Physics and the Prescription of Nature. Cambridge, Eng.: Cambridge Univ. Press.

Bread, C. D. 1962. Lectures on Psychical Research. New York: Humanities.

Cabek, M. 1961. The Philosophical Impact of Comparative Physics. Princeton, N. J.: van Nostrand.

Capra F. 1983. The Tao of Physics. New York: Bantam Books.

Clark, Adrian V. 1973. Psycho-Kinesis. New York: Parker Pub.

Eisenbud, J. 1968. The World of Ted Serios. New York: Simon &.

Geley, G. 1975. Clairvoyance and Materialization. New York: Arno Press,

Day, Harvey. 1975. Occult Illustrated Dictionary. London: Oxford Univ. Press.

Heisenberg, H. 1958. Physics and Philosophy. New York: Harper Torchbooks.

Holmes, E. 1956. The Science of Mind. New York: Dodd Head.

Johnson K. 1975. Photographing the Nonmaterial World. New York: Hawthorn Books.

Mitchell, E. D. ed. 1974. Psychic Exploration. New York: Putnam.

Mishlove, J. 1975. The Root of Consciousness. New York: Random House.

Needham, J. 1956. Science and Civilization in China. Vol. II, IV. Cambridge, Eng.: Cambridge Univ. Press.

Ostander, S. & Schroeder, L. 1970. Psychical Discoveries Behind the Iron Curtain. New York: Prentice-Hall.

Patterson, Tom. 1965. 100Years of Spirit Photography. London: Regency Press.

Penati, C. 1976. The Geller Papers. Boston: Houghton Mifflin.

Pratt, I. G. 1973. ESP Research Today. Metuchen: Scarecrow.

Rhine, J. B. 1995. New World of the Mind. New York: Apollo Editions.

Rhine, L. E. 1970. Mind over Matter. New York: Macmillan.

Weyl, H. 1949. Philosophy of Mathematics and Natural Science. Princeton Univ. Press.

Wolman, B. B. 1977. Handbook of Parapsychology. New York: Van Nostrand.

정신의 원리

·

지은이 / 김봉주
발행인 / 김재엽
펴낸곳 / **한누리미디어**
디자인 / 지선숙

·

121-840, 서울시 마포구 서교동 395-13 서원빌딩 2층
전화 / (02)379-4514, 379-4519
Fax / (02)379-4516
E-mail/hannury2003@hanmail.net

·

신고번호 / 제300-2006-61호
등록일 / 1993. 11. 4

·

초판발행일 / 2009년 4월 30일

·

ⓒ 2009 김봉주 Printed in KOREA

·

값 10,000원

·

※잘못된 책은 바꿔드립니다.

·

ISBN 978-89-7969-335-5 03140